现代信息查询与利用

主　编　杨佳祝　黎雪松

西南交通大学出版社
·成都·

图书在版编目（CIP）数据

现代信息查询与利用 / 杨佳祝，黎雪松主编. 一成都：西南交通大学出版社，2022.8
ISBN 978-7-5643-8835-5

Ⅰ. ①现… Ⅱ. ①杨… ②黎… Ⅲ. ①信息检索 – 高等学校 – 教材 Ⅳ. ①G254.9

中国版本图书馆 CIP 数据核字（2022）第 142356 号

Xiandai Xinxi Chaxun yu Liyong
现代信息查询与利用

主　编 / 杨佳祝　黎雪松　　　　　责任编辑 / 何明飞
封面设计 / 原谋书装

西南交通大学出版社出版发行
（四川省成都市金牛区二环路北一段 111 号西南交通大学创新大厦 21 楼　610031）
发行部电话：028-87600564　028-87600533
网址：http://www.xnjdcbs.com
印刷：成都中永印务有限责任公司

成品尺寸　185 mm×260 mm
印张　13　　字数　300 千
版次　2022 年 8 月第 1 版　　印次　2022 年 8 月第 1 次

书号　ISBN 978-7-5643-8835-5
定价　39.50 元

前 言 PREFACE

全球大多数国家把信息素养提升至战略发展的高度，它已成为21世纪信息化时代学习者和劳动者的必备素养，是联合国教科文组织《2030年教育行动框架》的优先发展领域。

本书为普通高等学校"现代信息查询与利用"课程教材，全书围绕现代信息源"有哪些—如何检索和获取—如何收集管理—如何利用"的思路进行编写。

第1章阐述什么是信息素养以及具备信息素养的益处。

第2章围绕现代信息"有哪些"主题编写，阐述现代信息源的分类、文献的概念、文献的产生与传递、文献的作用与分类，以及图书馆资源和网络资源各自的特点。

第3章至第6章围绕现代信息"如何检索和获取"主题编写。第3章阐述了现代信息检索技术，涉及现代信息特征、检索语言、检索原理、检索系统以及计算机检索技术；第4章详细阐述了文献检索和文献调研如何具体实施，重点阐述了图书、期刊论文、会议论文、学位论文、专利、标准和科技报告等文献如何检索和获取以及文献调研如何科学开展；第5章阐述了事实检索和数据检索；第6章涉及开放资源如何检索和获取。

第7章和第8章围绕现代信息"如何收集管理"主题编写。第7章讲述如何跟踪最新学术成果，第8章讲述如何利用文献管理软件来有效管理所收集的信息。

第9章和第10章围绕现代信息"如何利用"主题编写。第9章涉及学术论文（毕业论文）写作，第10章涉及学术交流和学术规范。

杨佳祝负责全书的策划，杨佳祝和黎雪松共同完成全书编写和修改，杜怀明、李雪梅和王毅菲对初稿提出修改意见，并编写数字习题。本书在编写过程中，借鉴和参考了国内外大量相关研究文献，在此，向这些文献的作者致以最诚挚的谢意！同时本书的出版得到了西南交通大学出版社的大力支持，多位编辑老师对本书提出了宝贵意见，为本书的出版付出了辛勤的劳动，在此一并致谢！

现代信息检索与利用随着科学技术的发展变化，日新月异，加之编者的知识、学识和水平有限，书中难免存在疏漏和不足之处，恳请各位读者批评指正。

编者
2022年5月

目 录 CONTENTS

第1章　信息素养 ·· 001

1.1 信息 ··· 001

1.2 信息素养概述 ·· 001

1.3 信息素养的益处 ··· 002

第2章　现代信息源 ·· 003

2.1 现代信息源分类 ··· 003

2.2 图书馆资源 ··· 020

2.3 网络资源 ·· 027

2.4 馆藏资源和网络资源比较 ·· 035

第3章　现代信息检索技术 ··· 036

3.1 现代信息特征、检索语言与检索途径 ·· 036

3.2 检索原理与检索系统 ··· 042

3.3 计算机检索技术 ·· 048

3.4 原文获取 ··· 051

第4章　文献检索 ··· 052

4.1 文献调研 ··· 052

4.2 电子资源概述 ·· 053

4.3 图书检索 ··· 055

4.4 学术期刊文献检索 ··· 067

4.5 学术会议文献检索 ··· 094

4.6 学位论文检索 ·· 096

4.7 专利文献检索 ·· 098

4.8 标准文献检索 ·· 112

4.9 科技报告检索 ·· 116

4.10 文献调研小结 ·· 119

第5章 事实检索和数据检索 ⋯⋯⋯⋯⋯⋯⋯⋯⋯⋯⋯⋯⋯⋯⋯⋯⋯⋯⋯ 126

　5.1 认识概念、了解定义、读懂术语/缩略语 ⋯⋯⋯⋯⋯⋯⋯⋯⋯⋯ 126

　5.2 掌握事实 ⋯⋯⋯⋯⋯⋯⋯⋯⋯⋯⋯⋯⋯⋯⋯⋯⋯⋯⋯⋯⋯⋯⋯ 131

　5.3 查找性能指标、理化常数和器件参数等 ⋯⋯⋯⋯⋯⋯⋯⋯⋯⋯ 133

　5.4 查阅法律文件与司法案例/裁判文书 ⋯⋯⋯⋯⋯⋯⋯⋯⋯⋯⋯ 134

　5.5 获取统计信息 ⋯⋯⋯⋯⋯⋯⋯⋯⋯⋯⋯⋯⋯⋯⋯⋯⋯⋯⋯⋯ 136

　5.6 查找名录信息 ⋯⋯⋯⋯⋯⋯⋯⋯⋯⋯⋯⋯⋯⋯⋯⋯⋯⋯⋯⋯ 138

　5.7 查找学习、考研、留学、就业信息 ⋯⋯⋯⋯⋯⋯⋯⋯⋯⋯⋯⋯ 142

　5.8 查找其他信息 ⋯⋯⋯⋯⋯⋯⋯⋯⋯⋯⋯⋯⋯⋯⋯⋯⋯⋯⋯⋯ 146

第6章 开放资源检索 ⋯⋯⋯⋯⋯⋯⋯⋯⋯⋯⋯⋯⋯⋯⋯⋯⋯⋯⋯⋯⋯ 148

　6.1 网络学术资源分类 ⋯⋯⋯⋯⋯⋯⋯⋯⋯⋯⋯⋯⋯⋯⋯⋯⋯⋯ 148

　6.2 开放存取资源 ⋯⋯⋯⋯⋯⋯⋯⋯⋯⋯⋯⋯⋯⋯⋯⋯⋯⋯⋯⋯ 148

　6.3 搜索引擎 ⋯⋯⋯⋯⋯⋯⋯⋯⋯⋯⋯⋯⋯⋯⋯⋯⋯⋯⋯⋯⋯⋯ 152

　6.4 图书馆综合资源搜索系统 ⋯⋯⋯⋯⋯⋯⋯⋯⋯⋯⋯⋯⋯⋯⋯ 160

第7章 跟踪最新信息 ⋯⋯⋯⋯⋯⋯⋯⋯⋯⋯⋯⋯⋯⋯⋯⋯⋯⋯⋯⋯⋯ 164

　7.1 邮箱订购（E-mail Alerts） ⋯⋯⋯⋯⋯⋯⋯⋯⋯⋯⋯⋯⋯⋯ 164

　7.2 RSS Feed订阅 ⋯⋯⋯⋯⋯⋯⋯⋯⋯⋯⋯⋯⋯⋯⋯⋯⋯⋯⋯⋯ 166

第8章 现代信息收集、整理与管理 ⋯⋯⋯⋯⋯⋯⋯⋯⋯⋯⋯⋯⋯⋯⋯ 169

　8.1 信息收集 ⋯⋯⋯⋯⋯⋯⋯⋯⋯⋯⋯⋯⋯⋯⋯⋯⋯⋯⋯⋯⋯⋯ 169

　8.2 文献管理软件 ⋯⋯⋯⋯⋯⋯⋯⋯⋯⋯⋯⋯⋯⋯⋯⋯⋯⋯⋯⋯ 169

　8.3 个人文献管理软件的使用——以NoteExpress为例 ⋯⋯⋯⋯⋯ 170

第9章 学术论文（毕业论文）写作 ⋯⋯⋯⋯⋯⋯⋯⋯⋯⋯⋯⋯⋯⋯⋯ 180

　9.1 学术论文定义 ⋯⋯⋯⋯⋯⋯⋯⋯⋯⋯⋯⋯⋯⋯⋯⋯⋯⋯⋯⋯ 180

　9.2 学术论文写作格式样稿 ⋯⋯⋯⋯⋯⋯⋯⋯⋯⋯⋯⋯⋯⋯⋯⋯ 180

　9.3 学术论文写作格式规范细则 ⋯⋯⋯⋯⋯⋯⋯⋯⋯⋯⋯⋯⋯⋯ 182

第10章 学术交流和学术规范 ⋯⋯⋯⋯⋯⋯⋯⋯⋯⋯⋯⋯⋯⋯⋯⋯⋯ 194

　10.1 学术交流 ⋯⋯⋯⋯⋯⋯⋯⋯⋯⋯⋯⋯⋯⋯⋯⋯⋯⋯⋯⋯⋯ 194

　10.2 学术规范 ⋯⋯⋯⋯⋯⋯⋯⋯⋯⋯⋯⋯⋯⋯⋯⋯⋯⋯⋯⋯⋯ 199

参考文献 ⋯⋯⋯⋯⋯⋯⋯⋯⋯⋯⋯⋯⋯⋯⋯⋯⋯⋯⋯⋯⋯⋯⋯⋯⋯ 201

第1章

信息素养

1.1 信息

世间万事万物无不向外界发出信息，以表明自己的存在和繁衍。不同的事物有不同的特征。这些特征会通过一定的物质形式给人类带来某种信息。我们通过识别自然界和社会的不同信息来区别各种事物，从而认识世界和改造世界。信息不同于消息，消息只是信息的外壳，信息则是消息的内核；信息不同于信号，信号是信息的载体，信息则是信号所承载的内容，一个信息可以用不同的信号来承载；信息也不同于数据、文本、声音和图像，它们只是记录信息的一种形式；信息还不同于知识和情报，知识和情报都是特殊的信息。

综上所述，信息可定义为：事物以及具有自动控制系统的机器，通过感觉器官或相应设备与外界进行交换的一切内容。根据发生源的不同，信息一般可分为自然信息、生物信息、机器信息和人类信息四大类。例如，树枝发芽是自然信息，遗传基因是生物信息，电信系统的脉冲信号是机器信息，人类社会活动中的各种语言、文字、图形符号是人类信息。狭义的信息主要指人类信息。

1.2 信息素养概述

由于多种技术的应用和网络技术的发展，现代人类信息表现的形式、内容和存在的状态呈现出多样化、具体化的特点。现代信息既是一种重要的资源、机遇和资本，也是智慧的源泉。

面对日益纷繁复杂的现代信息，如何快速准确获取衣食住行所需的信息来提高生活质量；如何精准检索学习、科研所需信息，来提升学习与工作效率、研究水平，助力论文撰写、科研项目的申报；如何提升企业竞争力，信息素养的培养和提升尤为必要。

什么是信息素养？每个人需要不同，理解不同。信息素养（Information Literacy）又称信息素质。1989年，美国图书馆协会将具有信息素养的人定义为："具备较高信息素养的人，是一个有能力觉察信息需求的时机并且能够检索、评价以及高效利用所需要信息的人，是一个知道如何学习的人；他们知道如何学习的原因在于，他们掌握了知识的组织机理，知晓如何发现信息以及利用信息；他们是有能力终身学习的人，是有能力为所有的任务与决策提供信息支持的人。"目前，该定义已得到广泛认可。

信息素养的能力包括：① 确定所需信息范围；② 有效地获取所需信息；③ 鉴别信息及其来源；④ 将检出的信息融入自己的知识网络；⑤ 有效地利用信息去完成一个具体的任务；⑥ 了解信息所涉及的经济、法律和社会问题，合理、合法地获取和利用信息。

1.3 信息素养的益处

信息素养是信息时代每个人的必备素养。无论是公众个体、学生、科研工作人员，甚至一个公司，有了信息素养，就相当于站在了巨人的肩膀之上，更胜一筹。正如比尔·盖茨所说："我有一个朴素而坚定的信念——如何将你的公司与其他竞争对手区别开来，如何让你在人群中脱颖而出——最有效的方式就是利用信息做出漂亮的工作。如何收集、管理、利用信息，将决定你的成功与失败。"

（1）信息素养对公众个体的益处。公众个体可以选用不同平台购买物美价廉的商品，利用航空公司或旅游网提供的行程助手畅行万里，利用药物使用指南和医疗机构提供的在线服务为健康保驾护航，利用多种信息免费阅读万卷书、足不出户学习多种课程等，从而提高生活质量、提高文化素质。

（2）信息素养对学生的益处。不同兴趣和不同水平的学生在学习过程中，有效利用图书馆资源和网络资源，找到与学习目标、知识结构相对应的资源，将在提升学习成绩、拓展知识面上节约大量时间。学生从中学到的技能会帮助其顺利完成作业，甚至在学生以后的职业生涯中持续受益。

（3）信息素养对教师的益处。不同教学学科的教师在教学过中，充分利用图书馆资源和网络资源，给学生转述学术概念的权威定义，检索、收集、管理、利用不同的教学素材，甚至利用网络请名师专家"上课"，拓展课堂内容，提升教学效果。

（4）信息素养对科研人员的益处。科研工作人员利用信息检索快速了解相关研究领域的状况，避免重复研究，提高科研效率；利用数据库提供的最新资源推送功能或者利用RSS订阅来关注不同网站推送的有关研究领域最新资源，从而节约大量时间和精力跟踪最新研究领域的最新研究进展；借助各种自动翻译工具，及时了解外文文献大意或者提高外文论文的写作速度，节省时间，提高科研效率等。

（5）信息素养对企业机构的益处。企业机构利用大数据分析，了解用户需求，研发对应的新产品；选用有效的营销手段；了解竞争对手动态，获取竞争情报；保护商业秘密等，让企业在商战中立于不败之地。

"现代信息查询与利用"是一门实用性、操作性很强的课程，学生无论是生活、学习、工作还是科研，都能从本课程中找到与之相对应的信息检索工具和方法，从而终身受益。

第2章

现代信息源

信息源一般指通过某种物质传出去的信息，即信息的发源地/来源地（包括信息资源生产地和发生地、源头、根据地）。联合国教科文组织出版的《文献术语》将其定义为：个人为满足其信息需要而获得信息的来源，称为信息源。一切产生、生产、储存、加工、传播信息的源泉都可以看作是信息源。不断寻找、发现和利用对自己生活、工作、学习与研究有用的信息源，对每个人来说都非常重要。

2.1 现代信息源分类

2.1.1 广义信息源分类

广义的信息源是指人们获取信息的一切来源，包括人际交流、实物、文献记录等。广义的信息源分为口语信息源、体语信息源、实物信息源、文献信息源4种。

2.1.1.1 口语信息源

口语信息源主要指以交谈、聊天、授课讨论等方式产生的信息。这类信息的特点是传递快、互动性强，但稍纵即逝、久传易出差错等。

2.1.1.2 体语信息源

体语信息源主要指以手势、表情、姿势等方式产生的信息。这类信息的特点是直观性强、生动丰富、印象深刻、富有感染力。

2.1.1.3 实物信息源

实物信息源主要指以文物、产品样本、模型、碑刻、雕塑等形式表示的信息。这类信息直观性强、感官实在、信息量大，但需要通过知识、智慧、经验和工具挖掘大量隐含的信息。

2.1.1.4 文献信息源

文献信息源主要指以文字、图形、符号、声频、视频等方式记录在各种载体上的知识和信息。这类信息经过加工、整理，较为系统、准确、可靠，便于保存和利用，但也存在信息相对滞后、部分信息尚待证实的情况。

2.1.2 文献

狭义的信息源仅指记录的信息，即转变为文献的信息等。

2.1.2.1 文献的概念

文献（Literature，Document）在国家标准《信息与文献　资源描述》（GB/T 3792.1—2021）中的定义为："文献是记录有知识的一切载体"。国际标准化组织（ISO）在《文献情报术语国际标准》（ISO/DIS 5217）中给出的定义："为了把人类知识传播开来和继承下去，人们用文字、图形、符号、音频、视频等手段将其记录下来，或写在纸上，或晒在蓝图上，或摄制在感光片上，或录到唱片上，或存储在磁盘上。这种附着在各种载体上的记录成为文献"。由这两个权威定义可知文献包括三个要素：知识、记录和载体。其中，知识构成了文献的内容，是文献的本质特征；记录是指记录文献所用的技术手段；载体则是文献的形态。

2.1.2.2 文献的产生与传递

文献作为人类文明的产物，其生产和传递存在着一系列的社会分工，涉及作者、出版发行机构以及文献保存和传递机构。下面从文献情报传递的正式渠道说明文献产生和传递的过程（见图2-1）。

图2-1　文献的产生与传递过程

图中的"文献情报用户群"是指从事科学技术工作的人群，其中一些人从事基础研究，而另一些人从事应用研究。在研究过程中，为了与他人交流，研究者将自己的研究成果，如观点和经验，用文字等形式记录下来，这便是著作活动。为了扩大交流范围，还需要将著作出版发行（复制与分发），这就有了"一次出版物"，也就是人们常说的原始文献，如期刊、科技报告、会议文献、学位论文和专利等。一次出版物通过书店等的"一次分发"，以个人购买，或通过文献中心（图书馆等）、互联网等途径传递到用户手中。文献中心是指收集与传递文献的机构，它采集与收藏文献资料，通过文献编目等活动组织与管理文献。在这个过程中，将产生所谓的"二次文献"，如目录、文摘等。他们记录了原始文献信息，用作检索工具，使人们能对原始文献进行查找与利用。用户吸收是情报传递的最后阶段。需要说明的是，"情报传递"只有当用户研究了文献，吸收其内容，加深对某一主题的认识时才会发生。

从图2-1中可以看出，文献情报用户既是情报的使用者，又是情报的制造者。他们从文献中获得情报用于研究，而这些研究将产生更多的情报。因此说文献情报的交流是一个不断循环的过程。图2-1表明的是正式渠道的情报传递过程。除此之外，情报还可以通过非正式渠道加以传递与交流，如研究者私人之间的通信，由于没有出版环节，交流过程要快得多，但交流的范围有限。

2.1.2.3 文献的作用

文献对促进学术成果的交流与利用、减少无效劳动、推动科学技术发展起着重要作用，具体体现在以下几个方面：

（1）文献资料是科学研究的基础。

事实上，科学研究的继承性也正是通过对文献的利用来实现的。从资料中可以了解前人已做过的事情，研究到什么程度，研究中存在哪些问题，还有哪些问题值得研究，从而可以避免重复研究。同时，可以通过系统地阅读资料，可以获取研究过程中所需要的思想与方法以及事实与数据。

（2）促进学术交流。

科学文献作为研究成果的结晶，它们无论是在空间上还是在时间上都是记录和传递学术信息的有效手段。借助发表的论文，同行们可以重复实验，验证结论，评价研究成果。同时，论文发表也促进研究成果的分享与利用。

（3）已发表的论文是确认研究成果优先权的基本依据。

每一份科学文献记载了该研究成果是谁、在何时何地完成的。发表论文为研究人员展示研究成果和确认自己的学术地位提供了一个平台，而成果优先权则是科学工作中一个重要的激励因素。

（4）科学文献的数量与质量是衡量研究人员创造性劳动效率的公认指标。

科学文献数量是衡量个人、机构乃至国家科技水平高低的标志之一。根据科学文献的数量和影响力，可以有效判断个人、机构以及国家在某一学科领域的发展水平以及所取得的成就。

2.1.2.4 文献的分类

文献型信息源可以从记录载体的形式、加工深度、出版形式等角度来划分为不同的类型。

1. 按照文献信息记录的载体形式划分

载体是信息赖以存在的物质外壳，通常所说的载体指文献载体，即提供记录信息的一切人工负载物。古代文献载体有甲骨、简策、羊皮、纸张等，现代文献载体有纸张、磁性材料、感光材料、胶片材料等。随着科学技术的发展，文献载体的信息容量逐步扩大，保存日益完善，使信息交流的效能不断提高。载体是信息的负载物，知识信息与物质载体具有不可分割性。知识信息一旦固化在载体上，我们就把它叫作文献。

1）刻写型文献

刻写型文献主要指印刷术发明之前的古代文献和当今没有正式付印的手写记录和草稿。它以刻画或手写为手段，将知识内容记录在各种自然材料或纸张等载体上，如古代的甲骨文、金文、帛书、简策以及现代的笔记、手稿、书信、雕刻、篆刻等。

2）印刷型文献

印刷型文献主要指以纸张作为记录信息内容的载体，以铅印、胶印、油印和复印等技术手段而产生的一种传统型的文献形式，如纸质图书、纸质期刊和纸质报纸等。其优点是便于阅读和流传，符合人们的传统阅读习惯，在所有文献类型中至今仍占据着主导地位。但它也存在存储密度低、体积大，收藏和管理需要较大空间和人力等多方面的缺点。

3）缩微型文献

缩微型文献是以感光材料为载体，以缩微照相为记录手段而产生的一种文献形式，如缩微胶卷、缩微平片等。其优点是体积小、存储密度高、保存期长、便于收藏和管理，但保存条件严格，阅读不方便，必须借助阅读机才能进行阅读。

4）声像型文献

声像型文献又称为视听型文献，它是以磁性材料、感光材料、胶质材料为存储介质，以磁性记录或光学技术为记录手段直接记录声音或图像的一种文献形式，如录音带、唱片、激光唱盘、录像带、电影胶片、幻灯片等。其特点是既能闻其声又能见其形，传递知识信息声情并茂、形象逼真、直观性强、动静交替、易于接受，但其成本较高且不易检索和更新。

5）电子型文献

电子型文献又称为机读文献、数字化文献，它是指通过编码和程序，把图、文、声、像等信息转换成二进制代码存储到磁、光、电介质上通过计算机阅读的一种文献形式，如各种电子图书、电子期刊、网络新闻、联机数据库、网络数据库等。其特点是存储密度高、存取速度快、出版周期短、传递迅速，可融文本、图像、声音等信息于一体，易复制和检索，便于实现资源共享，但必须借助计算机等先进设备才能实现检索和阅读。

2. 按照文献信息内容的加工深度划分

随着科学技术的飞速发展，文献数量急剧增长，再加上文献类型的多样化和文献分布处于离散、无序状态，用户想要准确而快捷地从海量文献中获取相关的信息如同大海捞针。为了便于人们更加有效地利用文献信息，信息工作者将文献加工处理为不同的等级，按加工深度划分，分为以下几种类型。

1）零次文献（Zero Document）

零次文献也叫灰色文献（Gray Document），是指未经记载、未公开于社会或尚未正式发表、出版的各种原始文献，如人们通过口头交谈、参观展览或听报告所获得的知识信息、实验记录、手稿、工程图纸、原始录音、原始录像、书信、笔记等。零次文献在内容上有一定的价值，一般在较小的范围内交流、使用和参考，难以获取。

2）一次文献（Primary Document）

一次文献通常指作者以自己的生产、社会活动等实践经验和科研成果为依据而撰写的文献，如专著、期刊论文、报纸论文、会议论文、学位论文、专利说明书、科技报告、政府报告、政策文件、产品目录、档案资料等。一次文献通常也称为原始文献或一级文献，其数量最大、种类最多、使用最广、影响最深，记录的知识比较新颖、具体、详尽，通常或多或少包含作者的创见。它是对知识信息的第一次加工，是人们进行信息检索的主要对象和获取目标，也是科研工作的主要信息来源。

3）二次文献（Secondary Document）

二次文献是指文献工作者将大量分散、无序的一次文献进行筛选，通过加工整理、提炼和浓缩，并按其外部特征（如题名、作者、编码等）或内容特征（如分类号、主题词、关键词等）编排而成的一种系统化的工具性文献，如印刷型的书目、文摘、索引、简介或电子型的书目、索引以及文摘数据库等。二次文献具有汇集性、系统性和工具性等特点，它是对知识信息的第二次加工，揭示的不是一次文献本身的内容，而是某个特定范围或领域的一次文献信息的线索。二次文献是进行信息检索的主要工具，学习信息检索主要就是掌握二次文献的利用方法。

4）三次文献（Tertiary Document）

三次文献是指围绕某个主题，合理利用二次文献系统地检索出大量的一次文献，并对其运用科学的方法和专业知识进行深入研究后所撰写出的一种新文献。三次文献具有系统性、综合性、知识性和概括性等特点，它是情报研究的成果，是对知识信息的深加工（第三次加工），具有较高的实用价值，既可以作为检索目标，又可作为检索手段。三次文献主要包括两种类型：

文献型三次文献：旨在对某些具体研究课题的研究历史、当前现状和现有成果进行综述、分析和评论的基础上提出该课题的发展趋势，如专题报告、综述、述评等。

数据事实型三次文献：它是将发展较为成熟的知识信息系统化，以便人们查找、学习和利用，如百科全书、字典、词典、年鉴手册等。

总之，从一次文献到二次文献，再到三次文献，是一个由博到精，由分散到集中、由无序到有序、再由有序到有机的结构化、系统化的过程。由于在这个过程中，对文献进行了三次不同层次的加工，因此各级次文献所含信息的质和量是不同的，它们对人们充分开发利用知识信息所起的作用也不同。一次文献是基础，是信息检索利用的主要对象，二次文献是信息检索一次文献的工具和手段，三次文献是一次、二次文献的浓缩和延伸，既是信息检索和利用的对象，又可作为信息的检索工具来使用。从一次文献、二次文献到三次文献的加工反映了文献的集中和有序化过程，而用户对原始文献的求索则是一个逆向的过程。图2-2反映了这种过程。

图2-2　各级次文献的关系与转换

3. 按照文献信息出版形式划分

原始文献，也就是上面所说的一次出版物，是以作者的研究成果为基本素材而创作的，其主要特点是内容新颖，具有创造性，参考价值大。原始文献按照出版形式可以分为图书、期刊和特种文献3大类。而特种文献的出版发行和获取途径都比较特殊，一般包括会议文献、科技报告、专利文献、学位论文、标准文献、档案文献、政府出版物、产品资料、电子印本文档9大类。下面分别介绍。

1）图书

（1）定义。

联合国教科文组织对图书（Book）的定义：凡由出版社（商）出版的、不包括封面和封底在内49页以上的印刷品，具有特定的书名和著者名，编有国际标准书号（International Standard Book Number，ISBN），有定价并取得版权保护的出版物，均称为图书。图书包括专著、汇编本、多卷书、丛书等。它是一种重要的信息源，其主要特征是内容比较系统、全面、成熟、可靠，但出版周期较长，传递信息速度较慢，内容新颖性不够，外部特征有书名、作者、出版社、出版时间、页码、价格、ISBN号等。

（2）分类。

① 阅读性图书包括教科书（Textbook）、专著（Monograph）、文集（Anthology）等。它提供系统、完整的图书，有助于全面、系统地了解某一领域的历史发展与现状，将人们正确地引入自己所不熟悉的领域。

② 工具书（Reference Book）包括词典（Dictionary）、百科全书（Encyclopedia）、手册（Handbook）、年鉴（Yearbook）等，它提供经验、浓缩的知识，是信息检索的工具。

③ 检索用书指以图书形式刊行的书目、题录、文摘等，是供人们查找一定范围内文献线索的出版物。

（3）标准编码。

图书的标准编码，即国际标准书号，由固定的5段13位数字组成。

第一段是产品标识编码，称为EAN.UCC前缀，由国际物品编码协会分配的产品标识编码，由国际ISSN中心向EAN（欧洲商品代码）组织申请，中国图书的EAU.UCC前缀为978、979，目前使用978。

第二段是地区号或语种号，又叫组号（Group Identifier），最短的是一位数字，最长的五位数字，大体上兼顾文种、国别和地区。把全世界自愿申请参加国际标准书号体系的国家和地区，划分成若干地区，各有固定的编码。美国出版的书，国家代码为0，1代表英语，使用这两个代码的国家有澳大利亚、加拿大、爱尔兰、新西兰、波多黎各、南非、英国、美国、津巴布韦等；2代表法语，法国、卢森堡以及比利时、加拿大和瑞士的法语区使用该代码；3代表德语，德国、奥地利和瑞士德语区使用该代码；4是日本出版物的代码；5是俄语系国家出版物的代码；7为中国出版物使用的代码（港澳台地区各采用不同代码：中国澳门中文为99937，葡萄牙语为99965，中国香港988，中国台湾957），印度为8，东南亚为9。

第三段是出版商代号（Publisher Identifier），由其隶属的国家或ISBN中心分配，允许取值范围为2~5位数字。出版社规模越大，图书越多，其号码就越短。

第四段是书序号（Title Identifier），由出版社给出。

第五段是校验码，固定一位，起止号为0~10。校验码计算过程：用1分别乘以ISBN的前12为中的奇数位（从左边开始数起），用3乘以偶数位，除以模值10取余数，再用模值10减去余数所得值即为到校验位的值。当校验码是10时，用0表示，2007年前的校验码是10时用罗马数字X表示。

例：西南交通大学邓发云编著的《信息检索与利用（第三版）》，ISBN号为978-7-03-055157-3。

978指图书产品标识码。

7指中国大陆，语言为中文。

03代表的是科学出版社，两位数字，说明这个出版社规模大。

55157指该书在科学出版社的序号；当前面四部分数字加起来不足12位数字时，在书序号前添加0，所以本书的书序号是055157。

3是校验码。对于该书号：$1 \times (9+8+0+0+5+5) + 3 \times (7+7+3+5+1+7) = 117$，$117 \div 10 = 11 \cdots 7$，所以校验位为$10-7=3$。

2）期刊

（1）定义。

期刊（Periodicals）也称杂志（Journals或Magazine），是有固定名称、统一开本、具有编号或年月标志、定期或不定期连续出版、每期内容不重复并由多名责任者撰写不同文章的出版物。期刊是最重要的信息源，其信息量占整个信息源的65%～75%。期刊的特点是出版周期短，报道信息速度快、数量大、品种多、流通广，连续性和周期性强，内容新颖、丰富，能及时反映新知识、新动态和新的科技成果。

判断期刊学术质量好坏的常用方法是看其是否是核心期刊或同行评审期刊。

核心期刊（Core Journal）是刊载某一学科的论文数量较多、学术水平较高，能够反映该学科最新成果和研究动态，因而备受该学科专业读者重视的期刊。虽然全世界每年出版的期刊数量庞大，但每个学科的核心期刊数量有限。某专业的核心期刊可通过文献计量学的方法来确定。目前，外文核心期刊基本以美国科技信息所（Institute for Scientific Information）出版的《引文索引》（Web of Science）以及美国工程信息公司出版的《工程索引》（Ei）中收录的期刊为准。中文核心期刊以中国科技信息研究所编辑出版的《中国科技期刊引证报告》和北京大学图书馆编辑出版的《中文核心期刊要目总览》中收录的期刊为准。需要说明的是，这两种中文工具书所收录的核心期刊均是印刷版期刊，对于那些纯电子期刊，目前尚无相关的统计与评价。

同行评审期刊（Peer-reviewed 或Refereed）是指文章在发表之前，由编辑部聘请同行专家对论文进行评审，决定是否发表。这样做的目的是保证期刊所刊载的论文质量。目前，无论是纸本期刊还是电子期刊，都拥有大量的同行评审期刊，如著名的Science周刊，其稿件由若干外部审稿人（Outside Reviewers）进行匿名评审。多数稿件要求7～10天内返回审稿意见。对于快速评审的稿件，则要求在48小时内审完。

（2）分类。

从期刊功能角度划分以下4种：

① 学术性与技术性期刊（Journals）：由学术团体编辑出版，报道生产、科研方面的学术论文研究成果，信息量大、价值高，如各种学报（Acta）、通报（Bulletin）、汇刊（Transactions）、评论（Reviews）、进展（Progress）等，如《四川大学学报（哲学社会科学版）》

② 杂志（Magazine）：连续出版物的一种，但是它的内容一般是通俗性的，涉及娱乐、新闻等，如《读者》。通常学术性期刊和杂志有很大区别，见表2-1。

表2-1　学术期刊与杂志的区别

特　征	杂　志	学术期刊
适合的读者群	适合普通读者，内容涉及生活、娱乐、故事等	适合专家、学者、研究人员
格式与风格	在风格上多样化，有许多照片和广告	较少照片或广告，封面严肃
内容深度	文章一般不长	刊登较长、有深度的研究文章
出版状况	出版周期通常比学术期刊短	通常由学术或专业机构主办
作　者	记者或业余作家	学者（通常为专业人员）
参考文献	通常不包括参考书目	包括大量的参考书目
内容严肃性	主要是流行的主题，仅由编辑内部审查	通过"同侪审查"（同类专家评审）

③ 检索性期刊：专门报道二次文献信息，如《化学文摘》。

④ 快报性期刊：刊载最新技术和研究成果的短文，报道新产品、新工艺以及学术动态等信息，内容简洁、报道速度快，如各种通讯（Letters）、短讯（News）等，如《新技术新工艺杂志》。

根据中国知网划分，目前《中国学术期刊（网络版）》的新型数字出版模式有以下类型：

a．增强出版。增强出版包含根文献和附加内容，经过组织和封装，形成一个有内在联系的复合数字作品的数字出版物，是全部学术成果的出版。其中，根出版物指与印刷版出版物内容一致的数字化出版物形式，或者并无印刷版相对应的纯粹数字化出版物；附加内容又叫增强材料，伴随根文献一起进行数字化出版，其内容包括文本、数据表格、图像、音频、视频、软件程序、手稿等，通常仅通过网络呈现。

b．优先出版。优先出版指学术期刊优先于印刷版纸刊发行，以单篇或整期发布的方式，在"中国知网"借助互联网（含移动网络）数字出版，完整呈现论文的所有内容。

c．单篇网络首发。单篇网络首发是指借助互联网（含移动网络）在"中国知网"以数字出版方式优先出版学术期刊的单篇论文内容。按照首发时的编辑状态，通常可分为3种：录用定稿、排版定稿、整期定稿。录用定稿是指某刊内容确定、它通过同行评议、主编终审同意刊用的稿件。排版定稿是指录用定稿按照期刊特定版式（包括网络呈现版式）排版后的稿件，内容和版式确定，可能没有出版年、卷、期、页码。整期定稿是指出版年、卷、期、页码已确定的印刷或数字出版的整期汇编稿件。

d．数据论文出版。数据出版是指在互联网用出版的方式来发布数据。目前，以数据论文和数据集的方式实现数据出版。数据论文是通过网络在线方式出版的一种学术出版物，主要提供学术数据以及相关的信息，包括数据的采集、处理和分析方法等，但不一定提供科学结论。数据论文稿件由描述文档、数据集（或者数据集存储地址）、数据集元数据构成。

e．个刊发行：指个别期刊刊载的学术论文全文纸质版和电子版同时发行。

f．独家收录：指某期刊的数字化论文的全文单独由中国知网数据库收录。

（3）标准编码。

期刊的标准编码——国际连续出版物编号（International Standard Serial Number，ISSN）是根据国际标准ISO 3297制定的连续出版物国际标准编码，其目的是使世界上每一种不同题名、不同版本的连续出版物都有一个国际性的唯一代码标识，但不反映出版物的语种、国别、出版者。ISSN由8位数字分成两段组成，每段4位数字，中间用"-"隔开，如《四川轻化工大学学报社会科学版》的ISSN号为2096-7535，前7位是期刊代号，末位是校验码。

期刊校验码的计算过程：分别用8、7、6、5、4、3、2去乘以前7位数字，将它们的积的代数和去除以模值11，最后用11减去余数。以《四川轻化工大学学报（社会科学版）》为例：$8 \times 2 + 7 \times 0 + 6 \times 9 + 5 \times 6 + 4 \times 7 + 3 \times 5 + 2 \times 3 = 149$，$149 \div 11 = 13 \cdots 6$，$11 - 6 = 5$。

3）会议文献

（1）定义。

会议文献（Conference Literature）是指在各种学术会议上宣读和交流的论文、报告和其他有关资料，是报道研究成果的主要形式之一。

（2）分类。

会议文献按产生的时间顺序可以分为会前文献、会间文献、会后文献三种。

会前文献（Pre-conference Literature），是指在会议前预先印发的资料。在会议开始前，主办者除了按计划发出会议通知外，还要求代表提交学术论文、报告提纲等。主办者通常将要在会上宣读的论文做成预印本（Preprint Advance Conference Paper）供会议代表讨论。它可以是全文，也可以是摘要，或是文章的缩写稿。

会间文献（Middle-conference Literature）。它是开会期间发给与会者的资料，包括在会议开幕式和闭幕式上的发言稿、与会者的名单、会议决议等。

会后文献（Post-conference Literature）。它是指会议结束后，由会议主办单位等机构正式出版的会议论文集，也就是通常所说的会议录（Proceedings）。会后文献的其他英文名称还有Symposium（论文集）、Transaction（会议论文汇编）、Colloquium Papers（学术讨论论文集）、Records（会议记录）、Reports（报告集）等。

会议文献按照交流范围划分为世界会议、国际会议、全国性会议和地区性会议四种。

（3）特点。

① 内容新颖。如计算机领域的研究成果有相当一部分是通过学术会议进行报道的。

② 专业性强，交流量大。学术会议大都围绕一个主题，与会者的研究领域大致相同，所交流的论文也基本针对一个问题或一个学科。

③ 出版发行快，时效性强。

由于会议文献的出版无规律性，其收集困难。尽管如此，学术会议文献仍然是科技人员掌握国内外研究动态的重要情报源。

4）学位论文

（1）定义。

学位论文（Thesis Dissertation）是高等院校或科研机构的学生为评定某种学位而撰写的学术论文。根据申请的学位，学位论文分为学士、硕士、博士学位论文；按照研究方法，学位论文可分为理论型、实验型、描述型三类；按照研究领域，学位论文可分为人文科学学术论文、自然科学学术论文与工程技术学术论文三类。

（2）特点。

学位论文属于非卖品，一般不出版发行，主要由原单位保存，比较难以获得。硕士和博士论文具有一定的学术性和独创性，其中博士论文具有以下特点：

① 选题新颖。不少选题涉足学科发展前沿。

② 论述系统。不但提供研究结论，还有具体的研究方法与研究过程。

③ 文后附有大量的参考文献，借此可以了解相关专题的发展过程。

④ 由于博士论文在某一学科学者、专家指导下完成的，因此学术水平较高。

⑤ 实用性强。一些学位论文中的研究成果可以直接应用于实践，甚至直接转化为产品进入市场。

基于这些特点，学位论文是很好的情报源。

5）标准文献

（1）定义。

根据《中国大百科全书（第二版）》对标准的定义：为了在一定范围内获得最佳秩序对活动或其结果规定共同的和重复使用的规则、导则或特性的文件。该文件经协商一致制定并经一个公认机构批准，它以科学、技术和经验的综合成果为基础并以促进最佳社会效益为目的。因此，标准文献（Standard literature）是技术标准、技术规格和技术规则等文献的总称，是经过公认的权威机构批准的标准化工作成果，反映了当时的技术工艺及技术政策，供人们遵照与参照，譬如工农业产品、工程建设质量、规格及其检验方法所做的技术规定。

（2）特征。

① 有法律约束力。标准文献是经过权威部门批准的规范性文献，它对标准化对象描述详细、完整，内容可靠、实用，具有法律性质，是生产的法规。

② 适用范围明确。不同种类和级别的标准只能在不同的范围内执行。如果是相关标准，必须技术上协调一致，相互配合，不能互相矛盾。

③ 时效性强。它以某一时间段的技术水平为上限，所反映的是当时普遍能达到的技术水平。

6）专利文献

（1）定义。

专利文献（Patent Literature）是实行专利的国家、地区及国际组织在审批专利过程中产生的官方文件及出版物。专利文献指包括专利请求书、说明书、权利要求书、摘要在内的专利申请说明书和已经批准的专利说明书的文件资料。广义的专利文献还包括专利公报、专利文摘，以及各种索引与供检索用的工具书等。专利文献是一种集技术、经济、法律三种情报为一体的文件资料，其载体形式一般为纸型、缩微胶片型、磁带型、光盘等。

（2）特征。

专利说明书作为最重要的技术情报源，具有以下特点：

① 内容新颖。各国专利法规定发明专利必须具有新颖性。由于大多数国家采用了优先申请原则，即同样的发明，专利权将授予最先申请者。这就使专利文献对新技术的报道早于其他类型的文献。

② 涉及领域广泛、实用性强。专利文献覆盖的技术领域极其广泛，从生活日用品（如针、线）到各种尖端技术（如基因技术、纳米技术）几乎无所不包。因此，对于在研究开发和生产活动中遇到的各种技术问题，几乎都能从专利文献中获得有价值的解决方案。

③ 具有法律效力。专利说明书是一种有法律效力的文件，是判断专利侵权的主要依据。专利权具有地域性和时间性，专利在申请国及有效期内受法律保护，过期便成为共用技术。各国专利保护期限不等，美国为17年，日本为15年，英国为20年，我国发明专利保护期限为20年（实用新型和外观设计专利为10年）。

④ 重复量大。由于一项发明可以在多个国家申请专利，便有所谓的基本专利与同族专利，它们针对的都是同一项发明。基本专利指的是最先在某国申请并获得授权的专利，同族专利则是指在第一个申请国以外的其他国家申请获得授权的专利。它们的技术相同，但语言不同。另外，由于多数国家采用早期公开、延迟审查制度，使一项发明在审批过程中产生不同性质的说明书，如公开说明书、审定说明书、公告说明书等。据统计，全世界每年报道的专利说明书中只有1/3是新发明。

7）科技报告

（1）定义。

科技报告（Science & Technical Report）又称研究报告和技术报告，是科学技术工作者围绕某个主题研究所取得的成果的正式报告，或对某个研究过程中各阶段进展情况的实际记录，要求科研工作者或者研究机构向资助者呈交的成果报告。

（2）特征。

① 每份单独成册，有专门的编号（即报告号），通常由报告单位缩写代码+流水号+年代号构成。

② 内容具体。有各种研究方案的选择与比较、原始实验记录、实验数据、图表等。

③ 保密或控制发行，原文获取困难。科技报告是一种重要的科技情报源。据统计，科技人员对科技报告的需要量占其全部文献量的10%～20%，尤其是在发展迅速、竞争激烈的高科技领域。

（3）分类。

科技报告按时间划分有初期报告（Primary Report）、进展报告（Progress Report）、中间报告（Interim Report）、终结报告（Final Report）；按流通范围划分有绝密报告（Top Secret Report）、机密报告（Secret Report）、秘密报告（Confidential Report）、限制发

行报告（Restricted Report）、公开报告（Unclassified Report）、解密报告（Declassified Report）等。

8）政府出版物

（1）定义。

政府出版物（Government Publication）是指各国政府部门及其设立的专门机构发表、出版的行政性文件和科技文献，其中科技文献占30%~40%。它对于了解某国的科技、经济等方面的政策和事件有一定参考价值。

（2）分类。

行政性文献（包括立法、司法文献），主要有政府法令、方针政策、规章制度、决议、指示、统计资料等，主要涉及政治、法律、经济等方面。

科技文献，主要是政府部门的研究报告、标准、专利文献、科技政策文件、公开后的科技档案等，有些研究报告在未列入政府出版物之前已经出版，故它与其他类型的文献有重复。

（3）特征。

政府出版物具有政策性、指导性和权威性，内容数据真实可靠，通过这类文献可以了解一个国家的科技政策、经济政策、法令和规章制度。西方国家多设有政府出版物的专门机构，如英国的皇家出版局（HMSO）、美国政府出版局（GPO）。我国的政府出版物多由政府部门编辑，指定出版社出版。政府出版物大部分是公开的，可从发表该出版物的政府网站上免费获取；小部分具有保密性，由政府直接分发至某些部门或个人，在一定范围内使用，但经过一段时间后则予以公开。

9）产品资料

（1）定义。

产品资料（Product Data）是指各国厂商为推销产品而出版发行的各种商业性宣传资料，如公司介绍、产品目录、样本、说明书等。产品目录包含产品生产制造商、供应商、出口商名录，并含有丰富的产品信息等；样本是由商家策划、专人设计，随产品投放市场一起提供给消费者的宣传广告册，是目前被生产厂家广泛采用的一种商业促销手段；说明书是对一种产品的性能、规格、构造、用途及其使用方法等的说明。

（2）特征。

产品资料是技术人员设计、制造的，技术比较成熟，数据较为可靠，内容具体、通俗易懂，常附有较多的外观照片和结构简图，形象、直观，是计划、开发、采购、销售、外贸等专业人员了解各厂商出厂产品现状、掌握产品市场情况及发展动向的重要信息源。但产品资料时效性强，使用期短，且不提供详细数据和理论依据。多数产品样本以散页形式印发，有的则汇编成产品样本集，还有些散见于企业刊物、外贸刊物中，收集这类文献较为困难。

10）档案文献

（1）定义。

档案文献（Archival Documents）是指各级政府机构、企事业单位和某些个人在实践工作中形成立卷归档、集中保管、有历史价值的文字、图表、声像等形态的原始文献资料，它是科技、政治、经济、历史的真实记录，是科技工作者进行科研的重要参考资料。

（2）分类。

档案从其形成领域的公、私属性角度，可分为公务档案和私人档案；从档案形成时间的早晚以及档案作用角度，可分为历史档案和现行档案；从档案内容属性角度，可分为文书档案、科技档案、人事档案、专门档案等。其中，科技档案（Technical Records）是指在科研生产活动中针对具体的工程对象形成的文献资料，如课题任务书、合同、试验记录、研究总结、工艺规格、工程设计图纸、施工记录、交接验收文件等。

（3）特征。

档案文献内容客观、真实、可靠，通常由档案部门保存。

除了上述文献之外，还有报纸、新闻稿、工作札记等。

11）电子印本文档

电子印本文档库（E-print Archive）是开放仓储的主要形式。电子印本（E-print）包括预印本（Preprint）和后印本（Postprint）。

上述不同文献类型的作者出于快速交流的目的，在正式出版前自愿将研究成果，通过邮寄或网络等方式网上公开，称之为预印本，但更多的是指提交期刊的版本。与刊物发表的论文相比，预印本传播速度快，利于学术交流，多为免费网络资源，如 https://arxiv.org，可免费检索有关数学、物理、计算机领域的预印本资源。从预印本网站上获取信息，一般电子预印本比印刷版论文发表早1～2年，这对前沿科学的研究人员有一定参考性。

后印本是指经同行评议之后的任何版本。有时区别两种后印本：① 经过同行评议后但尚未进行编辑加工的版本，② 既经同行评议又经过编辑加工的版本。有些期刊允许作者在OA仓储中存储第一种类型的后印本，而不允许存储第二种后印本。

预印本与后印本之间的区别称作校勘本或勘误表（Corrigenda）。因此，预印本加校勘本就相当于后印本，即Preprint + Corrigenda = Postprint。有的出版商不允许作者进行后印本存档，作者可以先存储论文的预印本，等待论文正式发表后再补充勘误表，即预印本加校勘本的开放存档模式。

2.1.2.5 不同原始文献的选择和用途

不同原始文献产生的背景不同，具有自身的特点和用途。如果将产生背景和用途结合起来思考，就能在不同的需求下更好地选择合适的文献加以利用。表2-2至表2-4揭示了不同原始文献检索的要素、特点、用途、使用特性、传播载体、传播速度和查找工具。

表2-2　各种原始文献的识别要素、特点与主要用途对比

类　型	代码	检索要素	特　点	主要用途
图书	[M]	书名、著者、出版社、出版时间、总页数、国际标准书号ISBN等	图书的内容比较系统、全面、论点成熟、可靠，但传统印刷图书的出版周期长、传递信息速度慢	系统地学习知识；了解关于领域知识的概况；查找某一问题的具体答案
杂志	[J]	期刊名称，期刊出版的年、卷、期，国际标准刊号ISSN	固定的名称和版式，有连续的出版序号，有专门的编辑机构编辑出版，出版周期短，刊载速度快，数量大，内容较新颖、丰富	寻找关于流行文化的信息和观点；得到当前事件的实时信息；寻找供某一领域非专业人士阅读的文章
学术期刊	[J]	同杂志	能及时反映各学科发展的最新动向和科学研究的最新成果，是当代科研工作者极为重视的文献类型，其他特点同杂志	了解与自己的课题相关的研究状况，查找必要的参考文献；了解某学科水平动态；学习专业知识
会议论文	[C]	会议名称、会址、会期、主办单位、会议录的出版单位	会议文献具有水平高、针对性强、发表快的特点，不少论文在未正式出版发表前提交学术会议交流，观点可能不成熟，但内容新	了解与自己课题相关的研究状况，查找必要的参考文献；了解某学科水平动态
学位论文	[D]	学位名称、导师姓名、学位授予机构	数据图表详尽、参考文献丰富、可得到课题研究综述、可跟踪导师的科研进程	科研开题前的文献调研；硕士、博士撰写开题报告时，学习学位论文的写作方法；追踪学科发展、研究过程
专利	[P]	专利号、专利名称、发明人、申请人	数量庞大、报道快、学科领域广阔、内容新颖、具有实用性和可靠性	申请专利前查重；开发新产品；了解某领域的技术水平及发展的最新动态；利用专利情报为进出口业务做参谋；专利诉讼时检查有无侵权
标准	[S]	标准级别、标准名称、审批机构、标准号、颁布时间、实施时间	能较全面地反映标准制定国的经济和技术政策，技术、生产及工艺水平，自然条件及资源情况等	产品设计、生产、检验；工程设计、施工；进出口贸易

类　型	代码	检索要素	特　点	主要用途
科技报告	[R]	报告名称、报告号、研究机构、报告来源、完成时间	内容新颖、详尽、专业性强，出版及时，传递信息快，每份报告自成一册，有专门的编号，发行范围控制严格，具有保密性，不易获取原文	了解与自己课题相关的研究状况，查找必要的参考文献；研究尖端学科或某学科的最新研究课题
政府出版物	[Z]	出版机构、报告名称、报告来源	具有正式性、权威性的特点，内容可靠	了解一个国家的科技政策、经济政策以及科技活动和水平，具有一定的参考价值
报纸	[N]	报纸名称、报纸出版日期和版次	具有时事性、时效性、普及性、大众性，出版周期短，传递信息快速，传播范围广	查找关于国内外或本地新闻；查找社论、评论、专家或者大众的观点；大众的或者通俗类信息；地方性或区域性信息
公司产品资料	[Z]	公司名称、产品名称、样本名称、说明书名称、产品型号	内容具体、通俗易懂。常附有外观照片和结构简图，形象、直观。但产品样本的时间性强，使用寿命较短	了解一种产品的性能、规格、构造、用途及其使用方法

表2-3　各种原始文献的使用特性对比

使用特性	变化程度（递减）
新颖性	科技报告、专利、会议文献、期刊、图书
信息报道速度	科技报告、期刊、会议文献、专利
流通范围广度	期刊、图书、会议文献、专利、政府出版物
发行量	期刊、专利、图书、会议文献
具有法律性	专利、标准
易于获取程度	期刊、图书、会议文献、专利、标准、政府出版物、学位论文、科技报告

表2-4 各种原始文献传播的载体、速度和查找工具对比

传播载体	传播速度（最快）	查找工具
电视/广播	分/秒	电视新闻索引
报纸（印刷型）	天	报纸索引
杂志（印刷型）	周	杂志索引
期刊（印刷型与电子型）	半年	期刊索引
图书（印刷型与电子型）	2年左右	书目录
参考工具书，如百科全书、手册（印刷型与电子型）	若干年	书目录
Internet	分/秒	搜索引擎

2.1.2.6 各种不同类型文献的关系与对比

清楚文献的分类，有利于人们认识和使用文献，如果将多种分类结合起来使用，就能更好地认识某一特定文献。按出版方式分类与加工层次分类的文献的关系如图2-3所示。

图2-3 按出版方式分类与加工层次分类的文献的关系

2.2 图书馆资源

现代各种信息资源按照存放的空间，主要存在于不同类型、不同级别的图书馆、书店、档案馆、博物馆、展览馆以及不同类型的网络中。

在德国柏林大学图书馆墙上刻着："这里是人类的知识宝库，如果你掌握其钥匙的话，那么全部知识都是你的。"图书馆作为文献信息中心，是获取文献资料的主要途径。

2.2.1 图书馆定义和作用

中国大百科全书对图书馆给出的定义："收集、整理和保存文献资料并向读者提供利用的科学、文化、教育机构"。因此图书馆的功能体现在两个方面：保存人类知识和文化遗产；促进知识的传播与利用。

2.2.2 图书馆馆藏资源和服务

图书馆的馆藏资源（Library Holding）是指图书馆所能提供的文献资源的总和。现代图书馆的馆藏多为混合型馆藏，即纸质型和数字型馆藏资源并存、本地文献资源和远程文献资源无缝集成，有通过购买获得的仅有使用权的数据库，也有所有权的自建数据库，故也称为复合型图书馆（Hybrid Library）。表2-5给出了现代图书馆的资源构成。

表2-5　现代图书馆的馆藏资源构成

印刷型 （按出版类型分类）	声像型	网络数据库	
		按数据库类型分类	按数据库所有权分类
图书	录音带、录像带、多媒体光盘、缩微胶片等	馆藏目录	购买的数据库（多数租用），仅有使用权
期刊、报纸		资源门户系统	
会议录		文摘数据库	
学位论文		电子图书	具有所有权的自建库
专利		电子期刊	
标准		电子报纸	实体入馆的电子文献，如随书光盘
古籍		学位论文全文库	
非公开出版物		事实数据库	网上免费学术资源，如开放电子期刊、预印本等
		电子政府出版物	

图书馆馆藏资源中，其数字馆藏的建设和使用，是当前网络环境下图书馆拓展服务范围和提高服务能力的重要手段，而服务则是图书馆存在和发展的永恒主题，图书馆常见的服务见表2-6。

表2-6　图书馆的服务类型与特点

服务类型	服务方式	服务特点
书刊阅览	一般图书、期刊、报纸、工具书存放在不同地点的不同书库，需要到存放地阅览	可以利用图书馆联机公共目录，先检索到索书号，就可以直接找到所需书刊的具体位置
书刊外借	只有办理借阅证的读者才能借阅，且有借阅数量和时间的限制	
电子资源使用	目前，主要是期刊全文、电子图书和各种文摘数据库，电子资源有信息量大、检索方便、更新快等特点	电子资源因为版权限制，一般只能在一定IP地址范围内或注册用户使用，使用电子资源要注意其类型和收录范围
咨询服务	在线实时咨询、电话咨询、邮件咨询、咨询台咨询	在利用图书馆资源与服务过程中遇到的问题时可以利用图书馆的咨询服务
文献传递与馆际互借	当所利用的图书馆馆藏资源不能满足需求时使用	向其他图书馆或文献机构申请所需论文或者图书的扫描或复印并通过图书馆传递给用户
培训与教育	信息资源利用讲座、信息检索课教学	提高用户信息素质与资源利用效率

2.2.3 图书馆类型

依据国际标准化组织1974年颁布的"国际图书馆统计标准"（ISO 2789—1974），图书馆可以分为国家图书馆、公共图书馆、高校图书馆、学校图书馆、专业图书馆和其他主要的非专门图书馆六大类。

国家图书馆负责收藏本国的主要出版物，以及各种珍本、善本、特藏文献，起着国家总书库的作用，如中国国家图书馆。

公共图书馆是指那些免费或只收取少量费用，为一个区域的公众服务的图书馆，主要收藏大众化和地域化读物，以书籍为主，公共图书馆由文化和旅游部牵头建立。所有县级以上地方政府都有图书馆，服务本地群众，如四川省图书馆、自贡市图书馆。公共图书馆的资源与服务和当地的经济发展水平密切相关，其特点是生活化和地方化资源丰富，读者主要为当地市民。

高校图书馆是指各类高等院校图书馆，是学术资源最集中的地方，是高校师生查阅各类文献信息的资源中心，是高校的一个重要组成部分，主要由教育部牵头建设与管理。其特色是科研与学术资源丰富，读者主要为本校师生。1998年开始建设的中国高等教育文献保障系统（CALIS），是国内主要高校图书馆的资源与服务的集成。

专业（行业）图书馆是指由协会、学会、政府部门、商业机构或其他团体支持的图书馆，主要针对部委下属企业与科研单位而设立，其馆藏有针对性。该类图书馆主要由科技部牵头建设与管理，包括机械工业信息研究院图书馆、冶金工业信息标准研究院图书馆、中国化工信息中心图书馆、中国农业科学院图书馆、中国医学科学院图书馆等。2000年6月，该类图书馆共同组建了一个虚拟的科技文献服务机构，即国家科技图书文献中心，又名国家科技数字图书馆（NSTL）。专业（行业）图书馆其特色是企业实用资源如国内外标准、规范等比较丰富，读者主要为行业内企事业单位、科研单位科研人员与管理人员。

学校图书馆是指中小学图书馆。

其他主要的非专门图书馆指具有学术特征的非专门图书馆。

2.2.4 特色图书馆举例

1. 国家科技图书文献中心（NSTL）[①]

1）概况

国家科技图书文献中心（National Science and Technology Library，NSTL）是科技部联合财政部等六部门，经国务院领导批准，于2000年6月12日成立的一个基于网络环境的科技文献信息资源服务机构，由中国科学院文献情报中心、中国科学技术信息研究所、机械工业信息研究院、冶金工业信息标准研究院、中国化工信息中心、中国农业科学院农业信息研究所、中国医学科学院医学信息研究所、中国标准化研究院标准馆和中国计量科学研究院文献馆九个文献信息机构组成。

中心以构建数字时代的国家科技文献资源战略保障服务体系为宗旨，按照"统一采购、规范加工、联合上网、资源共享"的机制，采集、收藏和开发理、工、农、医各学科领域的科技文献资源，面向全国提供公益的、普惠的科技文献信息服务。

2）文献资源

国家科技图书文献中心是根据国家科技创新发展的需要，已全面收藏和开发理、工、农、医等四大领域的科技文献，已发展成为集中外文学术期刊、学术会议、学位论文、科技报告、科技文献专著、专利、标准和计量规程等于一体，形成了印本和网络资源互补的保障格局，资源丰富、品种齐全的国家科技文献信息资源保障基地。截止到2017年，外文印本文献订购品种稳定在2.4万～2.6万余种，其中外文科技文献期刊17 000余种，外文会议文献9 000余种；面向全国开通网络版，外文现刊680余种，回溯期刊总量达3 027种，事实型数据库3个，OA学术期刊7 000余种；其中NSTL以全国授权、集团采购、支持成员订单等方式购买开通网络版外文现刊12 000种，回溯数据库外文期刊1 500多种，中文科技电子图书23万余册。

文献资源浏览检索排序：学术期刊、学术会议、科技报告、科技文献专著、学位论文、

---

① http://www.nstl.gov.cn

标准、中外文计量规程、中外文专利、外文科技图书简介。

3）NSTL服务

NSTL提供期刊、会议、报告、文集汇编、图书、学位论文、专利、标准和计量规程等题名和文摘的浏览服务。用户选择需要的数据库进行浏览或检索，查看文章题名和文摘，选择所需要的文献，申请全文。

（1）文献检索。

NSTL提供期刊论文、会议论文、学位论文、科技报告、专利文献、文集汇编、图书、标准、计量规程等检索服务，可单库检索，也可选择多个数据库跨库检索。

文献检索提供了普通检索、高级检索和专业检索，还可从学科分类、资源类型（期刊论文、学位论文、会议论文等）、语种、馆藏范围、查询时间、查询范围（含文摘的记录、含引文的记录、可提供全文的记录）和获取方式（全文订购、在线下载）等进行检索限制。

（2）国际科技引文服务。

国际科学引文数据库（Database of International Science Citation，DISC）是国家科技图书文献中心（National Science and Technology Library，NSTL）历时三年投入建设的以科学引证关系为基础的外文文献数据服务系统。系统集成了NSTL外文期刊文献数据库（17 000多种外文期刊）和优选的理、工、农、医各学科领域的部分优秀西文期刊（3 000多种西文期刊）的引文数据，并揭示和计算了文献之间的相关关系和关系强度，为科研人员检索发现世界上重要的科技文献、了解世界科学研究与发展脉络提供了强有力的支撑。

目前，数据库包含外文期刊篇名数据1 400余万条，并以每年200万条的速度增长；外文引文数据5 000万条，并以每年3 000万条的速度增长。

DISC提供文献检索、引文库收录文献检索、参考文献检索。

DISC检索结果提供多种排序：相关度、第一作者、题名、出版年和被引频次。

（3）代查代借传递全文。

国家科技图书文献中心可根据用户要求合理收取费用后，以电子邮件、普通信函、平信挂号、特快专递或传真等方式为用户提供原文复制件。

NSTL订购和收集的文献信息资源绝大部分以文摘的方式，或者以其他方式在NSTL网络服务系统上展现，供用户检索或浏览，获取文献线索而申请全文加以利用。

（4）预印本服务系统。

预印本服务系统分为中国预印本中心和国外预印本门户（因丹麦科技大学图书馆技术信息中心关闭其平台而停止服务）。

中国预印本服务系统是由中国科学技术信息研究所与国家科技图书文献中心联合建设的，是以提供预印本文献资源服务为主要目的实时学术交流系统，是国家科学技术部科技条件基础平台面上项目的研究成果。

（5）重点领域信息门户。

重点领域信息门户是由NSTL组织建设的网络信息资源服务栏目。其目的是针对目前国内外普遍关注的重点领域或科技热点问题（如纳米科技、集成电路装备、水体污染治理、可再生资源、宽带移动通信、数控机床、食物与营养、农业立体污染防治、重大传染病防治、新药创制、转基因生物新品种培育、大气污染防治、油气开发与利用、图书情报）自动搜集、遴选、描述、组织和揭示各机构发布的重大新闻、研究报告、预算、资助信息、科研活动等，提供内容浏览、专题定制和邮件自动推送等服务，帮助用户快速了解和掌握领域内科研发展态势，掌握同行或竞争对手的科技活动动向，发现领域重点及热点主题，把握领域发展概貌，辅助科技决策。

2．中国科学院国家科学图书馆^①

1）概况

中国科学院国家科学图书馆（Chinese Science Digital Library，CSDL），立足中国科学院、面向全国，主要为自然科学、边缘交叉学科和高技术领域的科技自主创新提供文献信息保障、战略情报研究服务、公共信息服务平台支撑和科学交流与传播服务，同时通过国家科技文献平台和开展共建共享为国家创新体系其他领域的科研机构提供信息服务。

2）CSDL资源

CSDL从科研主体、科研活动、科研成果、科研装置与科学数据五大维度设计了基础数据资源建设模型，已经建成了拥有专家学者、科研机构、学术期刊、资助机构、科研项目、学术会议、情报资讯、科技政策、论文、专利、报告、获奖、专著、标准、软著等10多种基础数据资源。同时，该基础数据资源库也集成了NSTL研制的STKOS（科技知识组织体系），其中规范概念超过65万，规范术语超过230万，覆盖理、工、农、医。

3）CSDL提供的服务

（1）联合编目网上服务。

联合编目网上服务包括检索国内400多家图书馆收藏的中外文期刊和中科院文献系统收藏的中西文图书，联机提交原文传递请求；提供网络期刊、网络图书的全文链接，并报道全院最新收藏的中外文图书。

（2）馆际互借与文献传递服务。

馆际互借与文献传递服务包括检索全院期刊联合目录，通过互联网请求并获得院内83个研究图书馆的文献，覆盖10万种中外文期刊和85万种中西文图书。

（3）跨库检索服务。

CSDL能对16个全文数据库、12个文摘数据库、4个电子图书库和多个图书馆公共目录数据库在内的共100多个数据库同时进行检索，用户在统一的界面输入检索关键词，就可同时检索多个数据库。

（4）跨库集成浏览服务。

如果需要查找一种期刊的全文而不知道它在哪个数据库，就可以使用跨库集成浏览。可以按期刊刊名的字顺、学科大类和数据库3种方式浏览3 000种外文期刊，并获得原文传递、最新目次、引文连接、期刊引用报告等。

---

① http://www.las.ac.cn/

（5）参考咨询服务。

研究人员可通过网络向图书馆员和学科专家提问，并在3个工作日内得到解答。问题包括图书馆常规服务指南、各类文献资源查询指引、信息检索方法和工具指导、科技常识解答、问答知识库检索、网络资源导航等服务。

4）CSDL检索

CSDL通过慧眼检索集成发现系统提供检索服务。

3．中国高等教育文献保障系统（CALIS）

1）概况

中国高等教育文献保障系统[①]（China Academic Library & Information System，CALIS），是经国务院批准的我国高等教育"211工程""九五""十五"总体规划中三个公共服务体系之一。CALIS的宗旨是，在教育部的领导下，把国家的投资、现代图书馆理念、先进的技术手段、高校丰富的文献资源和人力资源整合起来，建设以中国高等教育数字图书馆为核心的教育文献联合保障体系，实现信息资源共建、共知、共享，以发挥最大的社会效益和经济效益，为中国的高等教育服务。

2）CALIS的资源与服务

CALIS资源来自全国多家高校图书馆，同时还有国家图书馆、上海图书馆等众多公共图书馆，NSTL、科学院图书馆为代表的各类科技情报所，中国高校人文社会科学文献中心（CASHL）、外国教材中心、大学数字图书馆国际合作计划（CADAL）等为代表的教育部资源共享项目，以及中国知网、方正、维普资讯为代表的国内数据库商参与。CALIS目前成员馆已经超过1800家。

CALIS为读者提供电子原文下载、文献传递、馆际互借、订购文献，电子书租借等多种文献获取服务；还可以通过图书馆馆员做文献传递（为保护知识产权，通过CALIS进行文献传递时，同一本书中提供文献传递的章节不超过全书的1/3），代查代检服务。在CALIS各类检索工具覆盖的文献资源之外，CALIS还帮助读者在全国或全世界范围查找并索取包含中外文的图书、期刊、学位论文、会议论文、专利标准等各类电子或者纸本资源全文。

"开元知海·e读"[②]学术搜索旨在全面发现全国高校丰富的纸本和电子资源，它与CALIS文献获取（e读）、统一认证、资源调度等系统集成，打通从"发现"到"获取"的"一站式服务"链路，为读者提供全新的馆际资源共享服务体验。

3）CALIS外文期刊网

CALIS外文期刊网[③]是外文期刊综合服务平台，它全面包含了高校纸本期刊和电子期刊，为用户提供一站式期刊论文检索及获取全文服务。

CALIS外文期刊网包含的资源有（截止到2018年9月）：10万多种纸本期刊和电子期

[①] http://www.calis.edu.cn/

[②] http://www.yidu.edu.cn/

[③] http://ccc.calis.edu.cn/

刊；4万多现刊篇名目次；近1亿条期刊论文目次数据；160多个全文数据库链接及OA全文链接，如Science Direct、EBSCO、JSTOR等；30个文摘数据库链接，如SCI、SSCI、A&HCL、EI等；300个图书馆提供纸本期刊馆藏信息；530多个图书馆提供电子期刊信息。

CALIS外文期刊网全面展示高校纸本期刊和电子期刊，为用户提供一站式期刊检索和全文链接服务。服务内容包括期刊导航、期刊论文检索、文章全文链接、文献传递获得全文、期刊分析与管理以及图书馆本地化服务。

4）CALIS的检索

以e读学术搜索为例进行讲解。e读为一筐式检索，既可输入检索词，也可输入检索式检索；得到检索结果，可检索纸本资源和电子资源；不显示报纸文章；可在显示全国高校资源、本校资源、显示本市资源和本省资源中限定显示范围；也可在出版年、语种、类型、学科、收录数据库（如SCI、EI、Elsevier等）和收录馆精简检索结果；可按出版年升降排序。

获得的检索结果如能获得全文，可直接下载；如不能下载全文，可通过文献传递获得全文。

4. 中国国家图书馆及中国国家数字图书馆[①]

中国国家图书馆旧称北京图书馆，现称"国图"。资源类型包括电子图书、论文、期刊、报纸、古籍、音视频等，文种包括中文和外文。它全面收藏国内的正式出版物，是世界上入藏中文文献最多的图书馆。同时，它还重视国内非正式出版物的收藏，是国务院学位委员会指定的博士论文收藏馆、图书馆学专业资料集中收藏地、全国年鉴资料收藏中心，并特辟香港、台湾、澳门地区出版物专室。它也是国内典藏外文书刊最多的图书馆，并大量入藏国际组织和政府出版物，但不收藏专利和标准。它是查询国内图书与古籍最权威的去处。

本地读者凭身份证直接去国家图书馆（自助）办理读者卡，有卡用户可远程免费使用175个数据库；外地读者可实名注册国家图书馆网站，认证后，可以免费访问一定的数据库资源，方便同学们校外或毕业之后使用。

5. 大英图书馆[②]

大英图书馆是世界上最大的学术图书馆之一，主要收藏图书、缩微资料、科技报告、手稿和期刊等，以收藏英国文学、古板书和珍本书为特色。

6. 美国国会图书馆[③]

美国国会图书馆保存各类收藏近1.2亿项，2/3以上的书籍是以多媒体形式存放的，包括大量图书、特色馆藏、电影胶片和电视片等。

7. 上海图书馆及上海科学技术情报研究所[④]

上海市图书馆是一个研究性公共图书馆。1995年1月与上海科学技术情报研究所合

---

① http://www.nlc.cn/

② http://www.bl.uk/

③ http://www.loc.gov/

④ http://www.library.sh.cn/

并，成为国内第一个省（市）级图书情报联合体。拥有图书、报刊和科技资料近5 200万册（件）及15万余张老唱片等非书资料。上海市图书馆是国内外收藏中国家谱最多的图书馆，拥有家谱342、姓氏1.8万余种，还拥有中国文化名人手稿5万余件。上海市图书馆特色是向读者提供免费参考咨询，读者有问题可以邮件咨询。

2.3 网络资源

网络资源，是利用计算机系统通过通信设备传播和网络软件管理的信息资源，包括电子图书、商业信息、新闻、软件、数据库以及网络论坛（BBS）、博客、微博、生活、娱乐等内容。它已经成为全球范围内传播科研、教育、商业和社会信息的主要渠道。

2.3.1 网络基础知识

2.3.1.1 IP地址
IP是一种用于地址识别技术的Internet协议，是Internet上计算机之间的路由选择，可把不同网络的物理地址转换为Internet地址。IP地址是识别主机的身份证，具有唯一性，分为数字型和字符型两种。

数字型IP地址用四组小于256的十进制数表示，如61.139.105.141是四川轻化工大学图书馆的主机。

字符型IP地址，即域名（Domain Name），是由一串用点分隔的名字组成的Internet上某一台计算机或计算机组的名称。域名也由若干部分组成，各部分之间用小数点隔开。例如，四川轻化工大学图书馆的域名为：lib（主机名）.suse（机构名）.edu（网络类型）.cn（最高域名）。

常见的最高域名见表2-7。选择使用网络信息时，首选政府类、教育类、非营利性组织、科研机构资源，次选商业类、网络机构类资源。

表2-7　常用的最高域名及其分类

分类	种类
按机构划分	com（商业机构）、net（网络机构）、gov（政府机构）、mil（军事机构）、org（非营利组织）、edu（教育机构）、int（国际组织）、info（信息机构）、ac（科研机构）
按地域区分	AU（澳大利亚）、CA（加拿大）、CN（中国）、DE（德国）、FR（法国）、JP（日本）、KR（韩国）、TW（中国台湾）、UK或UB（英国）、US（美国）等

2.3.1.2 网络资源文件
一般说来，信息资源都是以文件的形式存放的。这些文件包括视频、音频、图片、文本等。文件名由文件主名和扩展名组成，中间用"."连接。文件名可以由使用者自行确定，扩展名则用来标注文件的类型，一般说来它是固定的，随意改变扩展名就会改变文件的类型，会造成文件打开失败。例如，用记事本打开文本文件时，记事本会一次性把文件载入内存，完成字符转换，但文件过大时会出现无法响应的情况。这时可以通过将这些文件的扩展名由.txt改为.doc，利用Word打开解决无法响应的问题。常见的文件类型及说明，见表2-8，常见文件类型的含义及其打开工具见表2-9。

表2-8　常见文件类型及说明

扩展名	文件类型及说明
COM、TXT	可执行程序文件
BAT	批处理文件
C、BAS、ASM	用程序设计语言编写的源程序文件
OBJ	源程序文件编译后产生的目标文件
DOC、XLS、PPT	MS Office文档文件
BMP、JPG、GIF	不同格式的图像文件
WMV、RM、QT	能通过Internet播放的流媒体文件
ZIP、RAR	压缩文件
WAV、MP3、MID	不同格式的音频文件
HTM、ASP	网页文件

表2-9　常见文件类型的含义及其打开工具

扩展名	含义及常见的打开工具
HTML	用HTML编写的网页（IE，网页编辑器）
PDF	Portable Document Format（可移植文件、Adobe Reader）
JPG	JPEG图像文件（ACDSee、图片编辑器）
GIF	GIF图像文件（ACDSee、图片编辑器）
SWF	Flash动画（IE，Flash播放器）
MP3	用MPEG音频压缩技术制作的音频文件（音频播放器）
TXT	纯ASCⅡ文本文件（文本编辑器）
RAR	压缩文件（WinRAR）
RM	流媒体文件（Realplayer）

2.3.1.3 网络资源下载与保存

（1）保存网页中的文本。选择要保存的文本进行"复制"操作，打开文本编辑软件（如记事本或Word）进行"粘贴"操作。

（2）保存网页中的图片。在要保存的图片上右击，执行"保存"命令，选择保存目的地址，单击"保存"按钮。

（3）保存网页中的声音：一是在声音网址上右击，执行"保存"命令，选择保存目的地址，单击"保存"按钮；二是用录音软件录音，推荐Total Recorder。

（4）保存网页中的Flash。一是如果网站提供下载链接可以右击执行"保存"命令；二是用FlashCap下载工具；三是用迅雷自带的Flash Video（Flv）资源嗅探的IE插件。

（5）网页的保存。一是在打开的网页上，执行"文件"→"另存为"→选择目的地址→"保存"命令；二是点击网页上的"菜单"，选择"保存网页"。

（6）整个网站及其资源抓取。用WebCopier、网文快捕等软件。

（7）视频下载。利用迅雷、国际快车、影音传送带、硕鼠等下载软件。提示：在网上下载软件、游戏、歌曲、电影等资源时，要注意遵守《知识产权保护法》，下载的文件建议分别存放管理。

2.3.1.4 网站及其识别

网络资源是通过网站（Website）这个平台来展示。网站是指在因特网上，根据一定的规则，基于HTML制作的用于展示特定内容的相关网页的集合。简单地说，人们一方面可以通过网站提供相关的网络服务；另一方面也可以访问网站，获取自己需要的资讯或者享受网络服务。

1. 网站与网页

网页（Web Page），是指网站中的一页，通常是HTML格式。网页是构成网站的基本元素，是承载各种网站应用的平台。网站与网页的比较见表2-10。

表2-10　网站与网页的比较

网　页	网　站
浏览器显示的一个页面	一个机构/个人在网页上提供浏览或服务的站点
含文章、新闻、链接、图片、视频等	一个网站包括多个页面/网页
含超级链接（文字、图片），单击后显示新页面	主页/首页：网站的第一个页面（导引）
网页的标识是网址，如http://www.suse.edu.cn/p/47/	网站的标识是域名，如http//www.suse.edu.cn

2. 如何认识与使用网站

在使用网站时，通过以下途径可以快速从网站中找到所需信息。

（1）网站的背景可以通过"关于我们"或"××简介"进行了解。

（2）网站的全貌可以通过"站点地图（Sitemap）"或"网站导航"进行了解。

（3）网站的内容可以通过栏目浏览或网站提供的站内搜索引擎进行了解。

（4）要了解网站某一具体的内容，按Ctrl+F键，出现"查找"搜索框，键入所需要查找的关键词，可在当前网页中查找。

（5）查找该网站的相关网站，可利用网站提供的"友情链接"或"网站链接"进行了解。

（6）要了解该网站的合法性与真实性，可查看网站首页底部的版权所有信息、许可证编号、地址与电话。

（7）要对网页进行放大与缩小，用户可以使用右下角的放大/缩小键或者Ctrl+滚轮来进行网页缩放操作，从而变换网页中的图片或文字大小。

（8）在浏览到不熟悉语言的网站后，可以利用百度翻译（http://fanyi.baidu.com）将整个网站的网页文本翻译成熟悉的语言。

3．网站的识别

通常我们打开的是一个网页，如http://www.gov.cn/guowuyuan/index.htm，要查看网站信息，就要进入目标网站的首页，方法就是去掉第一个"/"符号后面的部分，如本例输入http://www.gov.cn就可以进入网站首页。

（1）查有无网站备案号。在中华人民共和国工业和信息化部备案查询网站（http://www.miit.gov.cn），注册并登录后，输入网站首页网址或者输入备案编号即可查询备案情况。根据国家规定，没有备案的网站是非法网站。

（2）查询网站拥有者的工商与税务信息。在网站首页都有"关于我们"或者"版权所有"栏目，从中可以找到该网站的所有者，可以在当地的工商行政主管部门主办的企业信用网和税务行政主管部门主办的税务网站查询所有者的注册与经营信息：所在地与注册地是否相同；有无经营执照与税务登记证；所有者经营是否正常，有无违规行为。

（3）查询该网站是否公布详细的经营地址和电话号码。虚假网站一般具有下列特征：没有提供实名（人名与地名）登记的联系方式；版权所有者与固定电话或手机地址（通过http://www.hao123.com/haoserver/shoujicc.htm，查询手机所在地）不一致；只提供手机号而无固定电话；只有QQ、MSN号码无固定电话。

（4）检查网页内容，虚假网站容易出现以下情况：页面设计细节处理粗劣；网站中提供的货物价格低于正常价格甚至低于成本；网站要消费者通过银行、邮局汇款方式将货款汇至指定账户；没有发帖论坛等。

（5）通过专业网站检查。

（6）冒名或山寨网站的识别与防止。真实网站一方面可以导航网站链接进入，另一方面可以多个搜索引擎搜索网站进行比较，看是否链接到同一网站。

2.3.2 网络资源特点

Internet作为最大的信息源，具有以下特点：

（1）信息丰富。网络资源信息来源于各行各业，形式多样，包括文本、图像、图形、照片、动画、电影、音乐等，堪称多媒体、多语言、多类型的信息混合体。

（2）简单易用。相当多的用户在查询资料时的首选不是图书馆，而是Internet。

（3）时效性强。Internet已经成为继电视、广播和报纸之后的第四媒体。

（4）发布自由，分散无序。任何组织和个人都可以将自己拥有的且愿意让他人共享的信息在网上发布。海量的信息和快捷的传播使得网络信息呈无序状态，许多信息资源缺乏加工和组织。

（5）内容庞杂，质量不一。网络信息大多没有经过严格的审查，没有统一的标准，缺乏必要的质量控制和管理机制。

2.3.3 网络资源分类

网络资源分为政府信息源、企业信息源、高校或科研院所信息源、机构信息源、专题信息源、个人信息源和其他信息源。其中，政府信息源的分类见表2-11，企业信息源分类见表2-12，高校、科研院所信息源分类见表2-13，机构信息源分类见表2-14，个人信息源分类见表2-15，专题信息源见表2-16，其他网络信息源见表2-17。

表2-11　政府信息源的分类

类　型	来　源	举　例
政策信息：政府公布的政策、法令、法规、报告	政府网站	中国政府网
科技信息：新产品、新技术、新工艺的科技成果，科技发展趋势	政府科技部门网站	科技部、各地科技厅、生产力促进中心
宏观经济信息：国民生产总值、国民收入、经济发展速度	政府统计部门网站	国家统计局、地方统计局、各级部门统计局
社会人文信息：教育水平、人口数量和结构、消费结构和习惯、宗教信仰、风俗习惯等	政府行政管理部门网站	教育部、文旅部、各地教育厅
政治信息：政治动态信息	主管部门网站	新华网、人民网

表2-12　企业信息源的分类

类　型	来　源	举　例
企业信用信息	本地工商行政管理部门建立的企业信用网	四川企业信用网
企业产品、经营管理、招聘信息	企业自身网站	宜宾五粮液股份有限公司
行业状况、标准规范、行业统计	行业协会网站	中国材料学会

表2-13　高校、科研院所信息源分类

类　型	来　源	举　例
招生、毕业分配、专业、学校发展	学校的主页、招生网、人事网	四川轻化工大学
专业	学校院系网	四川轻化工大学计算机科学与工程学院
课程资源、教材	学校教务网	四川轻化工大学教务网
科研、学术	学校科研网	四川轻化工大学科研处

表2-14　机构信息源分类

类　型	来　源	举　例
各机构信息	门户网站	中国企业集成
新闻、财经、教育、读书、论坛等各种大众化、娱乐性信息	各种门户站	搜狐、新浪、腾讯等
商业化信息	电子商务网站	阿里巴巴、淘宝、京东商城

表2-15　个人信息源分类

类　型	来　源	举　例
个人资源发布	个人网站、博客	个人主页
个人观点发布	博客、微博、专家在线	新浪微博

表2-16　专题信息源

类　型	来　源	举　例
视频、音频、MP3、软件	专题网站	优酷网、酷我网、华军软件园等

表2-17　其他网络信息源

类　型	来　源	举　例
网络参考工具书	字典和词典、百科全书、类书、政书、年鉴、手册、名录、表普	在线汉语字典
课程学习资源、学习考试资源	考试题库、课程学习	四六级委员会考试网站、爱课程、新浪公开课等
考研信息	报名、考试题、报考专业、调剂、考研辅导机构等	中国考研网、中国教育在线考研频道、中国研究生招生信息网

类　型	来　源	举　例
留学信息	留学资讯、各国院校信息	国家留学网、教育部教育涉外监管信息网
就业信息	就业、公务员考试	中国国家人才网、中国就业网、中国人力资源市场网、有关行业部委网、中国企业集成等、国家公务员考试网、公务员考试资料网

2.3.4　网站举例

1．中国政府网站①

中华人民共和国中央人民政府网于2006年1月1日正式开通，是国务院各部委，以及各省、自治区、直辖市人民政府在国际互联网上发布政府信息和提供在线服务的综合平台。该平台目前开通国务院、总理、新闻、政策、互动、服务、数据、国情等栏目，面向社会提供政务信息和政府业务相关的服务。网站下面的网站导航提供国务院部门网站、地方政府网站、驻港澳机构网站、驻外机构、媒体、中央企业网站。该网站是查询各类政策信息的权威网站。

2．科技部网站②

中华人民共和国科学技术部是国务院组成部门，2018年3月成立，通过此机构网站可查询国家科技方针政策，查询国家基础研究政策、标准等，查询或申报国家科研项目相关信息。

3．国家统计局网站③

中华人民共和国国家统计局是国务院直属机构，主管全国统计和国民经济核算工作，拟定统计工作法规、统计改革和统计现代化建设规划以及国家统计调查计划，组织领导和监督检查各地区、各部门的统计和国民经济核算工作，监督检查统计法律法规的实施。通过该机构网站，可查询全国及省、自治区、直辖市的经济核算；可查询农林牧渔业、工业、建筑业、批发和零售业、住宿和餐饮业、房地产业、租赁和商务服务业、居民服务和其他服务业、文化体育和娱乐业以及装卸搬运和其他运输服务业、仓储业、计算机服务业、软件业、科技交流和推广服务业、社会福利业等统计调查，收集、汇总、整理和提供有关调查的统计数据；可查询全国人口、经济、农业等重大国情国力普查，汇总、整理和提供有关国情国力方面的统计数据；可查询能源、投资、消费、价格、收入、科技、人口、劳动力、社会发展基本情况、环境基本状况等统计调查，收集、汇总、整理和提供有关调查的统计数据；可查

---

① http://www.gov.cn/

② http://www.most.gov.cn/

③ http://www.stats.gov.cn/

询资源、房屋、对外贸易、对外经济等全国性基本统计数据等。

4. 教育部①

中华人民共和国教育部是国务院主管教育事业和语言文字工作的部门，负责拟订教育改革与发展的方针、政策和规划，负责各级各类教育的统筹规划和协调管理，指导全国的教育督导工作。通过该机构网站平台可查询教育经费投入数据，高等教育招生计划，国际交流与合作政策等。

5. 新华网②

新华网是我国国家通讯社新华社主办的综合新闻信息服务门户网站，是中国最具影响力的网络媒体和具有全球影响力的中文网站。作为新华社全媒体新闻信息产品的主要传播平台，拥有31个地方频道以及英、法、西、俄、阿、日、韩、德、藏、维、蒙等多种语言频道，日均多语种、多终端发稿达1.5万条，重大新闻首发率和转载率遥遥领先国内其他网络媒体。通过该平台可查询各种新闻信息。

6. 携程旅行网③

携程是一个在线票务服务公司，创立于1999年，总部设在中国上海，提供包括酒店预订、点评、特价酒店查询，机票预订、票价查询、时刻表等服务。

7. 中国企业集成④

中国企业集成网由北京市企业管理咨询中心网络部、北京劲草网络技术有限公司企业服务部主办，此站有100 000户企业登录。通过该平台可查询企业、国家机构、省市政府机构、热点网站、经济网站等机构信息。

8. 新浪公开课⑤

新浪公开课汇集哈飞、耶鲁、斯坦福、麻省等全球顶尖学府和机构的免费最新公开教育资源、视频课程，涉及多学科，且大部分内容都配有中文字幕。

9. 在线汉语字典⑥

该字典是最大、最全的在线汉语字典，包括汉语字典、汉语词典、成语词典等，收录超过2万个汉字、52万个词语。通过该字典可查询汉字的拼音、部首、笔画、注释、出处和详细解释。

---

① http://www.moe.gov.cn/

② http://www.xinhuanet.com/

③ http://www.ctrip.com/

④ http://www.jincao.com/

⑤ http://open.sina.com.cn/

⑥ http://xh.5156edu.com/

2.4 馆藏资源和网络资源比较

图书馆是学术资源中心，信息可靠、其质量更高。馆藏资源丰富，有图书、期刊、学位论文、数据库、网上学术资源等，我们可以利用百科全书和教科书获取有关课题背景知识，利用参考工具书可获得事实与数据，从期刊中可获得较新、较详细的情报，还可以利用其他类型的文献，如会议文献、学位论文、专利等获取重要的情报。

网络资源时效性强，方便快捷、简单易用，是解决一般信息需求的最好途径。尤其是查找新闻和最新事件、政府信息、大学和公司以及非营利机构信息、专家学者信息、个人观点信息等等。网络信息的可靠性需要仔细判别。

馆藏资源和网络资源的比较见表2-18。

表2-18　图书馆资源与网络资源的比较

比较项目	图书馆资源	网络资源
检索工具	目录系统、数据库系统	搜索引擎
服务对象	本馆读者	任何人
资源采集	根据读者需求选购	没有选择
使用特点	需要一定的检索技能	简单实用
资源质量	通过选择、加工，保证资源的可靠性、学术性，检索结果精确。	内容庞杂、五花八门、质量不一，检索结果海量，准确率不高
资源类型	专业性、学术性资源	大众化一般资源
人力协作	专业人员服务，可直接、网络、电话获取帮助	仅部分商业性或经营性网站有人力协作
使用场合	科技论文写作；学科领域专题调研；产品开发；科学研究；项目申报或鉴定	了解时事新闻；获取企事业单位或政府信息；免费学术资源；大众化观点；生活、工作、学习查询或导航

第 3 章

现代信息检索技术

要想在现代浩如烟海的信息资源中快速准确地查找到所需要的信息，首先要了解现代信息有哪些特征，有哪些检索语言，有哪些检索途径，数据库的构成，检索系统原理，然后熟练掌握现代信息检索的技术和技巧，最后还要知道查到的信息原文获取所需的途径、流程。

3.1 现代信息特征、检索语言与检索途径

3.1.1 现代信息特征

一篇文章、一本书，一份报告，一般都具有外部特征和内容特征。

3.1.1.1 外部特征

题目、作者、作者工作单位，专利和科技报告还有专利号或报告号等。这些可以表征一篇特定文献的特征，可以在文献的封面或扉页，即使不打开书本，也不看文献的具体内容就可以确定一篇文献。

3.1.1.2 内容特征

深入到文献内容中，则会发现还可以用另外两种方法来表征它。

1. 词频

一般来讲，一篇文献都是论及某一方面的特定问题的，也就是说，与论题相关的词出现的频率较大。研究表明，无论哪一种类型的文献，若对其中出现的词进行频率统计，会发现所有的词可以分为以下三类：

（1）文献中出现频率最高的词为冠词、介词和连词等。

（2）文献中出现频率较低的绝大部分词。

（3）文献中出现频率不高也不低的词，这些词恰恰是与文献的主题相关度较大的词，通常称为主题词或关键词。

2. 体系分类

一篇文献还可以按照学科分类方法进行逐级归类，如科技论文—期刊科技论文—核心期刊论文，或者科技期刊论文—自然科学期刊论文—化学期刊论文—化学核心期刊论文，等等。

信息特征既是文献对象标识的基础，也是信息检索的基础。用信息的各种内容特征和外部特征作为检索出发点，可以从不同角度来检索相关信息。

3.1.2 现代信息检索语言

针对信息的内容特征和外部特征的不同，需要按一定规则来描述、标引，检索语言就是指用于描述文献特征、用于标引和检索的人工语言。创建检索语言的目的是建立沟通标引与检索的桥梁。检索语言按不同标识系统组织文献，以适应不同检索需求，聚集相同学科门类和主题内容的文献，从而使杂乱无序的文献变得有序。

用户检索时，要对检索内容进行提问，使之形成能代表信息需求的概念，并把这些概念转换成系统能接受的语言。检索语言是信息存储与检索共同遵循的规则，只有检索提问标识和信息特征标识一致时，相关的文献才能被检索出来。检索语言的分类如图3-1所示。

图3-1　检索语言分类

3.1.2.1 分类语言

分类语言是一种用分类号表达文献中各种概念，并以学科性质为主对各种概念加以分类和系统排列的文献信息检索语言。分类语言通常以数字、字母或字母与数字结合作为基本字符，采用字符直接连接并以圆点（或其他符号）作为分隔符的书写法，以基本类目作为基本词汇，以类目的从属关系来表达复杂概念。它反映类目之间的内在联系，包括从属、并列、交替、相关等。较权威的图书分类法有中国图书馆分类法、美国国会图书馆分类法、国际十进制分类法、国际专利分类法等。

1. 国际十进制分类法

国际十进制分类法（Universal Decimal Classification，UDC），又称为通用十进制分类法。UDC是以美国《杜威十进分类法》为基础编制而成的，广泛用于科学论文的分类，许多国家出版的期刊论文和特种技术资料都标有UDC分类号。UDC主表分为十大类，如表3-1所示。UDC的辅助表有语言、文献类型、地点、民族和种族、时间、材料和任务等8个。由于UDC在等级列举制的基础上采取了多种符号进行组配，因而发展成一部等级列举与组配相结合的混合式分类法。

表3-1　UDC主表

数　目	类　别	数　目	类　别
0	总论、科学和知识	5	数学和自然科学
1	哲学、心理学	6	应用科学、医学、技术
2	宗教、神学	7	艺术、娱乐、体育
3	社会科学	8	语言、语言学、文学
4	语言	9	地理、传记、历史

UDC采用单纯阿拉伯数字作为标记符号，它用个位数（0～9）标记一级类，十位数（00～99）标记二级类，百位数（000～999）标记三级类，以下每扩展（细分）一级，就加一位数。每三位数字后加一个小数点。例如：

6 应用科学、医学、技术

62 工程、技术（总论）

621 机械工程总论、核技术、电气工程

621.3 电工程、电技术、电气工程

621.39 电信技术

621.396 无线电通信设备和方法

621.396.9 雷达

2．中国图书馆分类法。

《中图法》是《中国图书馆分类法》（目前，最新版本是2010年出版的第五版）的简称，是我国编制出版的一部具有代表性的大型综合性分类法，是当今国内图书馆使用最广泛的分类法体系。它有五大基本部类，即马克思主义、列宁主义、毛泽东思想、邓小平理论，哲学，社会科学，自然科学和综合性图书。在基本类部下又细分为22个基本大类，构成分类表的第一级类目。22个基本大类与由其直接展开的一、二类目又形成简表，将简表展开的各种不同等级的类目所组成的类目表，组成《中图法》的详表。

《中图法》的标记符号采用汉语拼音字母与阿拉伯数字相结合的混合号码，即用一个字母表示一个大类，以字母的顺序反映大类的序列。字母后数字表示大类以下类目的划分。数字的编号使用小数制。五个基本部类及下设的22个大类用字母表示见表3-2，大类需要再细分，则在字母后面加数字，甚至小数点，以实现对类目的细分。例如：

自然科学

T 工业技术

TP 自动化技术、计算机技术

TP3 计算技术、计算机技术

TP36 微型计算机

TP368 各种微型计算机

TP368.3 个人计算机

所有具体分类可通过中图的分类号查询网[①]进行查询，也可以通过维普数据库[②]的高级检索界面查询。

表3-2　《中图法》大类表

基本部类	基本大类
马克思主义、列宁主义、毛泽东思想	A 马克思主义、列宁主义、毛泽东思想、邓小平理论
哲学	B 哲学、宗教
社会科学	C 社会科学总论 D 政治、法律 E 军事 F 经济 G 文化、科学、教育、体育 H 语言、文字 I 文学 J 艺术 K 历史、地理

① http://www.ztflh.com/

② http://www.cqvip.com/

基本部类	基本大类
自然科学	N 自然科学总论 O 数理科学和化学 P 天文学、地球科学 Q 生物科学 R 医药、卫生 S 农业科学 T 工业技术 U 交通运输 V 航空、航天 X 环境科学、安全科学
综合性图书	Z 综合性图书

在维普数据库高级检索界面，选择检索字段"分类号"，点击右边的"查看分类表"，进入页面后就可以查询更详细的分类类目和类号，如图3-2所示。

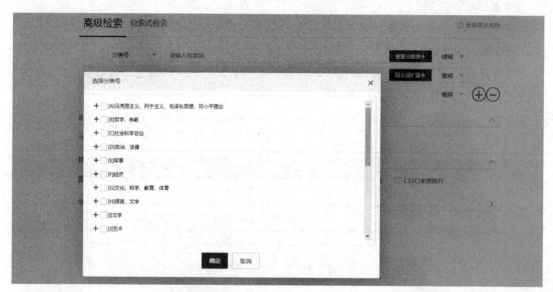

图3-2　利用维普数据库高级检索界面查询中图分类示例界面

3.1.2.2　主题语言

主题是一组具有共性事物的总称，用以表达文献所论述和研究的具体对象与问题，即文献的中心内容，表达主题概念的词汇就是主题词。以主题词作为文献内容标识和检索依据的语言就是主题语言，它以自然语言的字符为字符，用一组名词术语作为检索标识。以主题语言来描述和表达信息内容的信息处理方法称为主题法，主题语言包括以下4种。

1．标题词语言

标题词语言是最早使用的一种主题语言，它以规范化的自然语义作为标识，来表达文献涉及的主题概念，表达主题的词语称为标题词。有名的有美国的工程索引的《工程主题词表》（Subject Heading for Engineering，SHE）。

2．单元词语言

单元词语言是从文献内容中抽选出来的最基本词汇，将代表最一般、最基本的、不可再分割的概念的词作为单独标引文献的单位。

3．叙词语言

叙词语言是从自然语言中优选出来并经过规范化处理的名词术语，采用表示单元概念的规范化词语的组配，对文献内容主题进行描述，也是目前使用最广泛的主题语言。比较有代表性的叙词语言是英国科学文摘的《INSPEC叙词表》。

4．关键词语言

关键词语言是以关键词作为文献内容标识和检索依据的一种主题语言。关键词是指从文献内容中抽取出来的关键的、未经规范化处理的自由词汇，关键词不受词表控制。

3.1.2.3 代码语言

代码语言是指对事物的某方面特征，用某种代码系统来表示和排列事物概念，从而提供检索的检索语言。代码多种多样，通常用数字、字母或用它们结合的形式或以分段的方式表示其各部分的含义。例如，科技报告有报告号，还有合同号、拨款号等；专利文献有专利号、入藏号、公司代码；图书有ISBN号，期刊有ISSN号等。有关图书的ISBN号和期刊的ISSN号详见2.1.2.4节，关于专利文献的编号详见4.7.2节，有关标准文献的编号详见4.8.1节。

3.1.2.4 主题语言与分类语言的对比

主题语言以代表文献内容特征和科学概念的名词术语作为检索标识。因此，主题语言可以使检索具有直接性与直观性，适合于从事物出发按专题进行特性检索。但是主题语言也存在不足：缺乏按学科进行族性检索的能力；缺乏表述专指度较高的复杂概念的能力。

分类语言聚集相同学科门类和主题内容的文献，使杂乱无序的文献有序化。因此，分类语言有如下优点：按学科分门类的集中文献，揭示各个类目在内容上的逻辑联系，提供从学科角度进行族性检索的途径，便于随时扩大或缩小检索范围。但是分类语言也有不足：无法反映新学科和新技术的内容；不能全面检索有关跨学科、跨专业的某一事物的所有文章；不适应新兴学科和边缘学科的检索。

3.1.3 现代信息检索途径

检索途径是指查找文献的途径，也称为检索点，它可以分为从文献内容特征入手和从文献外部特征入手两大类。前者有主题词（关键词、叙词）和分类号，后者有作者、机构名称、出版者、文献代码（专利号、科技报告号等）等途径。对计算机检索系统而言，检索途径即为检索字段。检索途径是检索语言的表现方式，有什么样的检索语言，就有相对应的检索途径。常见的检索途径的形式以及其特征、用途见表3-3。

表3-3　常用检索途径的形式、特征和用途

检索途径	常见形式	特征与用途
著者途径	著者、编者、译者、专利权人的姓名或机关团体名称	从文献的作者姓名出发来检索文献
分类途径	分类目录和分类索引	学科与事物的隶属、派生与平行的关系，便于从学科所属范围查找文献资料
主题途径	主题目录或索引，主题途径中最常用的是关键词途径	能集中反映一个主题的各方面文献资料，便于读者对某一问题、某一对象进行系统的专题性研究
引文途径	利用文献所附参考文献或引用文献	提供从被引论文去检索引用论文
题名途径	包括题名（篇名）、书名、刊名、标准名、文档名、数据库名等	直接利用信息的题名查找所需信息的方法，在计算机检索系统中应用较多
代码途径	专利号、报告号、合同号、标准号、书号和刊号等	指通过文献资料特定的序号进行检索的途径
机构途径	著者单位、图书出版发行单位、期刊编辑单位等	指通过机构名称进行检索的途径
内容途径	包括从文摘、全文、句子、参考文献、附录等进行检索的途径	基于计算机检索的一种新兴途径
专门途径	有关的名词术语、地名、人名、商品名、生物属名、年代等	文献信息所包含的特定信息可以解决某些特别的问题

3.2 检索原理与检索系统

3.2.1 检索原理

所谓信息检索，广义地说，就是信息存储与检索，它是指将信息按照一定的方式组织和存储起来，并能够根据用户的需求找出其中相关信息的过程，即"存"与"取"两个部分。"存"，主要指面向来自各种渠道的大量甚至海量信息进行的高度组织化的存储；"取"则要求面向随机出现的各种用户信息需求进行的高度选择性查找，尤其强调查找的便利性和速度。因此，具体的存储载体可以选择卡片、书本、磁带/磁盘、光盘、数据库等；存储内容可以是文献的书目信息、文摘或全文，也可以是图像、音频或视频的数字化信息。具体的查找途径会因存储信息类型的不同而不同，常见的检索途径有文献的作者、题名、主题或分类号、图像颜色、物体形状、音乐节奏或流派等。图3-3揭示了检索原理。

图3-3　信息检索原理

通常情况下，信息检索着重指的是"取"，即主要关注从信息集合中识别或获取所需信息的过程及其采取的一系列方法、策略。所以说，狭义的"信息检索"也可以称为"信息查询"或"信息查找"。

3.2.2　检索系统

3.2.2.1　检索系统定义

信息检索系统是根据一定的社会需要和为达到特定的信息交流目的而建立起来的一种有序化的信息资源集合体。信息检索系统通常由以下5个要素组成：

（1）明确的目标。检索系统应具有明确的服务对象，专业范围及用途。

（2）不可缺少的资源。检索系统必须收集、加工、存储一定数量（或规模）的信息资源。

（3）技术装备。检索系统的技术装备主要涉及存储信息的载体、匹配机制的机具、信息的输入/输出/显示/传递等设备。

（4）方法和措施。包括标引方法、检索语言、信息的组织和管理方法即信息检索策略和技巧等。

（5）功能。检索系统应具有的检索及其信息服务的功能。

3.2.2.2 信息检索系统分类

信息检索系统按照信息存储的载体和实现的查找技术手段可分为以下子系统。

1. 手工检索系统

这是一种以印刷检索工具为基础的系统。通过手翻、眼看、脑想做出判断而完成检索。这种检索系统的特点是检索者可以边查边思考，并随时修改检索策略，但检索的速度慢、检索效率低，且检索工具体积大、更替慢。

2. 穿孔卡片检索系统

这是利用探针及其辅助设备，对代表检索标识（分类号、主题词等）的穿孔卡片进行选取的系统。与纯手工方式检索相比，在一定程度上提高了检索效率。由于设备笨重，操作复杂，适用范围较窄。

3. 缩微品检索系统

这是以胶片和平片作为存储载体，利用相应的光学或电子技术设备的信息系统进行检索。这种检索系统需要借助影像显示设备。

4. 计算机检索系统

这是使用电子计算机来处理和查找信息的自动化检索系统。通常由计算机、数据库、检索软件、检索终端及其他外部设备构成。其结构、特点详见3.2.3。

5. 网络检索系统。

主要指对WWW（World Wide Web）网络信息进行采集、存储与检索服务的一类检索系统，又称搜索引擎。这类检索系统的使用方法，详见6.3节。

3.2.3 计算机检索系统

在当前环境下，信息检索系统通常是指基于计算机和网络的人机交互式信息系统。下面介绍计算机检索系统的结构和特点。

计算机信息检索系统包括计算机、数据库、管理软件和通信网络检索终端，其中数据库是核心。

3.2.3.1 数据库

1. 定义

数据库是指在计算机存储设备上合理存放的相互关联的数据集合。当数据库收录对象为文献时，则称为文献数据库；收录对象为数值时，则称为数值型数据库；收录对象为事实时，则称为事实型数据库；能够在互联网上提供Web查询、检索的数据库，则称为在线数据库或网络数据库。

2．分类

（1）数据库按收录文件类型可分为图书数据库、期刊数据库、会议论文数据库、学位论文数据库、专利数据库、标准数据库、产品数据库、报刊数据库等。

（2）数据库按收录的内容可划分为书目数据库、文摘数据库、全文数据库、事实数据库、多媒体数据库等。目前，部分文摘型数据库与全文数据库可实现链接。

书目数据库存储的是二次文献，包括文献的外部特征、题录、文摘和主题词，检索结果是所需文献的线索而非全文，如各高校的纸质图书书目数据库、《四库全书总目要览》等。

文摘型数据库是以单篇文献为单位，著录一次文献的题名、作者、来源和内容摘要，收录范围广、语种多，便于全面掌握某一专题或研究领域文献状况及最新成果。例如，中文的《全国报刊索引》数据库、英文的美国的《化学文摘》（CA）等。

全文型数据库存储的是原始资料的全文，全文检索可以直接获取原始资料，而不是书目检索时的线索，提高了用户的检索效率。例如，中文的《超星电子图书》数据库、中国知网CNKI期刊全文数据库、外文的Elsevier ScienceDirect期刊全文数据库等。

数据型、事实型数据库的内容是特征型知识，如某概念的确切定义、某概念的背景知识、某一科学事实描述、某一专业型数据等。这种数据库主要有全球样本数据库、物竞化学品数据库、词典、百科全书、图表、名录、指南、年鉴等。

多媒体数据库收录的内容主要是图像、音频、视频等，如新东方多媒体学习库、超星名家讲坛、爱迪科森就业培训数据库、爱迪科森网上报告厅、中新金桥软件通计算机技能自助式网络视频学习等。

（3）按数据库收录的学科范围划分为专业性数据库和综合性数据库。专业性数据库是收集某个学科文献资料的数据库，详细完整的专业信息极具针对性，如中国盐文化数据库、酿酒数据库；综合性数据库是收录多个学科文献资料的数据库，如中国知网、万方知识服务平台，其加工深度不及专业性工具。

3．结构

数据库一般由字段、记录、文档组成。

（1）字段（Field），是对实体的具体属性进行描述的结果，是比记录更小的单位，是组成记录的数据项目。一条记录的常见字段包含题名字段、著者字段、主题词字段、文献出处字段等多种字段，《中国机读目录格式》（CNMARC）规定了每一个用于交换的标准记录结构，必须由记录头标区、地址目次区、数据字段区和记录结束符组成。详细信息可参见图3-4（四川轻化工大学图书馆中文图书书目数据的一条MARC记录的具体字段展示示例）。

记录标识	001	CA20171616161
处理时间	005	20171205195600.0
I S B N	010	▪a978-7-115-44297-0▪dCNY45.00
处理数据	100	▪a20170228d2017 em y0chiy50 ea
作品语种	101 0	▪achi
出版国别	102	▪aCN▪b110000
编码数据	105	▪aak a 000yy
形体特征	106	▪ar
题名责任	200 1	▪a汇编语言程序设计▪9hui bian yu yan cheng xu she ji▪dA guide for assembly language programming▪f刘慧婷, 王庆生主编▪zeng
版本项	205	▪a2版
出版发行	210	▪a北京:▪c人民邮电出版社▪d2017
载体形态	215	▪a268页▪c图▪d26cm
书目附注	320	▪a有书目 (第268页)
提要文摘	330	▪a本书主要介绍基于80x86的汇编语言程序设计方法和技术,第1章~第10章为主体部分,包括计算机基本组成结构和指令系统,循环、分支、子程序和宏汇编技术的程序设计;第11章为输入输出的一些典型应用,其中基本每章配有一组实验,共有10组实验题供选用和参考。
对象附注	333	▪a21世纪高等教育计算机规划教材
并列题名	510 1	▪aGuide for assembly language programming▪zeng
普通主题	606 0	▪a汇编语言▪x程序设计▪x高等学校▪j教材
中图分类	690	▪aTP313▪v5
人名等同	701 0	▪a刘慧婷▪9liu hui ting▪4主编
人名等同	701 0	▪a王庆生▪9wang qing sheng▪4主编
记录来源	801 0	▪aCN▪b人天书店▪c20170228
馆藏信息	905	▪a251130▪b2433084-86▪dTP313▪e02542r

图3-4 中文图书书目一条MARC记录的具体字段展示实例

（2）记录（Record），描述一篇文献的所有字段组成一条记录，是对某一实体的全部属性进行描述的结果，是构成数据库的一个完整的信息单元。每条记录描述了一条原始信息的外部和内部特征，如一篇论文、一件专利、一本图书、一个标准的相关信息，都能够成为文档中的一条记录。书目数据库中的一条记录相当于一条文摘或题录，其他类型数据库中的记录可能是一种治疗方案、一组理化指数等。

（3）文档（File），按一定形式（一段时间或某一主题范围）组织多条记录所得到的集合。一个可检索的数据库应包含顺排文档和倒排文档。

① 顺排文档。

在顺排档中，所有记录按记录存取号顺序排列，故只能实现顺序查找，而不能进行选择性查找。如果依靠浏览的方式定位一个包含数以百万条记录的记录文档时，需要大量人力和物力，查询效率低。为了提高查找效率，还需将记录按字段标识进行重新组合，建立各类索引文档。

② 倒排文档。

倒排文档是将记录的特征按字段标识重新组合，以形成多种索引文档。具体做法如下：首先列出字段标识，其后列出含有此标识的全部记录的存取号，然后将字段标识集中起来按字顺排列，即构成倒排档。

书目数据库的倒排文档可分为基本索引倒排文档和辅助索引倒排文档。基本索引倒排文档用于主题检索，包括题名、摘要、关键词等索引倒排文档。辅助索引倒排文档用于从文献的外部特征查找某类文献，包括作者、机构、出版时间、出版者、语言等索引倒排文档。例如，查找"酿酒"方面的文章，用基本索引倒排文档；查找"四川轻化工大学"发表的文章，用辅助索引倒排文档；查找"四川轻化工大学发表的有关酿酒"方面的文章，则同时使用基本索引字段和辅助索引字段。

因此，文献数据库或其子数据库由一个记录文档和若干个索引文档组成，大大提高了检索效率。

4. 认识了解一个数据库

如何了解一个数据库？表3-4列出了数据库的考察内容、内容特征和具体案例。

表3-4　认识了解一个数据库名目

考察内容	内容特征	案例（超星电子图书数据库）
服务形式	Web、光盘、联机检索、单机	以Web形式提供服务
链接地址，有无镜像	校内、国内、国外	校园内或某地区内
涵盖范围	包含哪些学科或主题	所有学科
数据量	拥有多少记录	300万余种
可使用数据量	购买可以使用的记录数	110万余种
文献类型	有无全文	电子图书、全文
收录年代	收录文献的时间范围	1977年至今
文种	收录记录有哪些语言，界面语言是哪种	中文
更新频率	更新时间的长短	每天更新
访问模式	口令，IP控制，还是免费自由使用	IP控制
其他信息	帮助信息、出版者、发行者、在同行中的地位	最大的中文电子图书数据库

5. 获取数据库的服务

了解了一个数据库，如何获取数据库的服务呢？

（1）个人直接向数据库公司申请账号。国外有很多专门提供数据库服务的公司，个人可以向这些公司申请账号（有的可网上申请，有的必须当面申请），从而获得数据库服务。国内的中国知网、超星、万方都可以注册个人账号，付费使用。

（2）向有使用权的单位获取服务。例如，一般高校图书馆都有电子资源或者数据库列表，即由图书馆自主开发的或者已经由图书馆统一购买的，全校师生在合法IP地址范围内都可以免费使用。

3.2.3.2 数据库与计算机检索系统的关系

数据库与计算机检索系统是两个不同的概念。数据库是信息的集合体，是一种信息管理的方式。计算机检索系统是一种软件，主要用于检索数据库。一个计算机检索系统可以容纳上百个数据库，并可同时对上百个数据库进行检索。一个数据库可以依存于不同的检索系统。例如，中国知网容纳了期刊全文数据库、学位论文数据库、专利数据等；专利数据可以依存于中国知网也可以依存于万方知识服务平台。

3.3 计算机检索技术

检索技术，是指利用光盘数据库、联机数据库、网络数据库、搜索引擎等进行信息检索采用的相关技术，主要包括布尔逻辑检索、截词检索、字段检索、位置检索、加权检索等。

3.3.1 布尔逻辑算符检索（Boolean Logic）

布尔逻辑检索是一种比较成熟，比较流行的检索技术，逻辑检索的基础是逻辑运算，目前绝大多数的搜索引擎和数据库都支持布尔逻辑检索。所谓布尔逻辑算符检索，就是指用布尔逻辑算符表达提问式中各个检索词之间的逻辑组配关系，确定文献的命中条件和组配次序的检索方法。

1. 逻辑与

逻辑与用"AND"或"*"表示。当要在某个数据库中检索与两个指定的检索词A、B相关的文献时用此算符，即要求A和B在选定的检索项中同时出现，表示为"A AND B"或者"A*B"。

2. 逻辑或

逻辑或用"OR"或"+"表示。当需要查找与检索词A、B相关的文献，而且只要记录中出现其中任意一个词就命中，或者两个检索词同时出现，也符合检索要求，表示为"A OR B"或"A+B"。此算符适于连接具有并列关系或同义关系的词。

3. 逻辑非

逻辑非用"NOT"或"–"表示。用来排除含有某些指定检索词的文献。例如，"A NOT B"或"A–B"表示含有检索词A但不含有检索词B的文献为命中的文献。

例如，在中国知网子数据库期刊全文数据库中，检索字段假若都选为主题字段，假若匹配方式都是"精确"。若只键入"计算机"，即"SU=计算机"，得到检索结果为1 537 698，只键入"化工"，即"SU=化工"，得到检索结果为400 318；当检索字段分别输入"计算机""化工"，逻辑关系选择为"AND"，即"SU=计算机 AND SU=化工"，检索结果为4 693；当检索字段还是不变，分别输入"计算机""化工"，逻辑关系选为"NOT"，即"SU=计算机 NOT SU=化工"检索结果为1 533 005；检索字段还是不变，键入检索词也不变，逻辑关系选为"OR"，即"SU=计算机 OR SU=化工"，得到检索结果为1 933 330（检索时间2021年6月24日）。

注意：逻辑运算符的优先顺序为：NOT>AND>OR，在有些中文数据库（如中国知网、维普科技期刊服务平台等）的高级检索界面，为了避免缩略语和简称的混淆，同一字段逻辑关系用符号"*""+""–"分别表示逻辑与、逻辑或、逻辑非，不用单词表示。

3.3.2 截词检索（Truncation/Wildcats）

截词检索是指用给定的词干做检索词，检索与含有该词干的全部检索词相关的文献。它可以起到扩大检索范围、提高查全率、节省检索时间等作用，对西文文献尤为重要。例如，名词的单复数形式、词的不同拼写法、词尾的不同变化、前缀、后缀的变化等。

截词检索按阶段部位划分为右截断、左截断、中间截断、复合截断等。按截断长度划分为有限截断和无限截断。

1. 右截断

右截断也称后截断，相当于"前方一致"。例如，"comput*"可检出computer、computers、computing等检索词的文献。

2. 左截断

左截断也称前截断。例如，"*logy"可检出biology、technology等检索词的文献。

3. 中间截断

中间截断相当于"含有"。例如，"wom？n"可检索出：woman、women等检索词的文献。

4. 复合截断

复合截断如："*chemi*"可检索出chemical、chemistry、biochemistry等检索词的文献。

5. 有限截断

有限截断允许截取有限个字符，截几个字符就加几个"？"，空一格后加一个"？"表示截词符。例如，"stud??? ？"可检出study、studied、studies，其词尾可有0～3个字母。

6. 无限截断

无限截断允许截断无限个字符，又称开放式截断，包含上面的右截断、左截断、中间截断和复合截断等。

注：通常情况下，"*"代表0～无数个字符；"？"代表1个字符。在不同的检索系统中，截词检索使用的标识符号可能不同，如有"*""？""$""%"等。使用检索工具前，应先阅读检索使用说明。

3.3.3 字段检索

字段检索是指将检索词限定在某个或某些字段中，用以检索某个或某些字段含有该字段检索词的记录。常用的检索字段详见表3-5。

表3-5　常用的检索字段

英文字段名称	中文字段名称	简称	英文字段名称	中文字段名称	简称
Title	题名	TI	Journal Name	期刊名称	JN
Abstract	文摘	AB	Source	来源出版物信息	SO
Keywords	关键词	KY	Language	语种	LA
Subject/Topic	主题词	SU	Document Type	文献类型	DT
Author	作者	AU	Publication Year	出版年代	PY

英文字段名称	中文字段名称	简称	英文字段名称	中文字段名称	简称
Full-text	全文	FT	Document No	记录号	DN
Corporate Source	单位或机构名称	AF	Country	出版国	CO

选择的字段不同，得到的检索结果也会不同。选择全文字段，得到的检索结果的数量最多，但相关度最低；选择题名和关键词字段，得到的检索结果的数量最少，但相关度最高；选择文摘字段，得到的检索结果介于前两者之间。

3.3.4 位置算符检索

位置算符是表示所连接的各个单元词词间位置关系的符号，用位置算符可以限制两个检索词在文献中出现的先后顺序、间隔的距离等。位置检索是实现全文检索的查找方法。

1. 两个检索词前后顺序受限制

一般地，A（W）B表示在此算符两侧的检索词必须按输入的前后顺序排列，并且两词之间不得有其他的单词（W是With的缩写）。

A（nW）B表示允许在（W）连接的两个词之间插入0～n个单词。例如：

Potential（W）energy可检索出：Potential energy

Giass（1W）giass可检索出：glass and glass、glass for glass、glass to glass。

算符（W）和（nW）可以在一个检索式中连续使用，即多个检索词之间连续使用。

在中国知网等中文数据中，表示此类算符是这样的：

"A％B"，表示检索全文某个句子中同时出现"A"和"B"，且"A"出现在"B"前面，间隔不超过10个字词。

"A /PREV n B"，表示检索全文某个句子中同时出现"A"和"B"的文献，"A"出现在"B"前，且间隔不超过n个字词。

"A /AFT n B"，表示检索全文中某个句子同时包含"A"和"B"的文献，"A"出现在"B"后，且间隔不超过n个字词。

2. 两个检索词前后顺序不受限

一般地，A（N）B，A（nN）B，表示在此算符的两侧的检索词必须紧密相连，分别表示词间不能插入任何词和允许插入0～n个单词（N是Near的缩写）。例如：

Money（N）supply可检索出：money supply、supply money。

Econom？？ ？（2N）recovery可检索出 economic recovery、recovery of the economy、recovery from economic。

同样地，算符（N）和（nN）可以在一个检索式中连续使用，即多个检索词之间连续使用。

在中国知网等中文数据中，表达此类算符是这样的：

"A /NEAR n B"，表示检索全文某个句子中同时出现"A"和"B"，且两个词间隔不超过n个字词。

3．其他算符

（1）算符（f）。

一般地，算符（f）要求被连接的检索词出现在同一字段中，字段类型和次序均不限（F是Field的缩写）。例如，queue（f）system。

但在中国知网等中文数据中，用算符"#"。"A # B"，表示检索全文某个句子中同时出现"A"和"B"的文献。

（2）算符（C）。

一般地，算符（C），要求连接的检索词出现在同一文献记录中，与布尔逻辑算符"AND"等价（C是Citation的缩写）。

在中国知网等中文数据中，"A /SEN n B"，表示检索全文中某个字段落同时包含"A"和"B"的文献，且检索词所在句子间隔不超过n句。

"A /PRG n B"，表示检索全文中包含"A"和"B"，且这两个词所在段落间隔不超过n段。

"A $ n"，表示检索在全文中"A"出现至少n次的文献。

注意：对于中文数据中使用算符时，需用一组英文半角单引号将检索值及其运算符括起。

"#" "%" "/NEAR N" "/PREV N" "/AFT N" "/SEN N" "/PRG N"是单次对单个检索字段中的两个值进行限定的语法，仅限于两个值，不适用于连接多值进行检索。

3.4 原文获取

利用前面讲的检索技术，输入检索词检索，根据检索结果去获取相应的原始文献，内容详见4.10.2节。

第 4 章

文献检索

第2章和第3章分别介绍了现代信息源和现代信息源的检索技术，本章和第5章、第6章将重点介绍如何检索现代信息。

现代信息检索根据检索的对象分为文献检索、事实检索和数据检索。

以文献为检索对象，从已存储的文献数据库中查找出特定文献的过程称为文献检索。

4.1 文献调研

4.1.1 文献调研的定义

文献调研是指研究者围绕研究项目或课题的需要而进行的有目的、有计划地查阅文献信息的行为。

文献调研是科研工作者通向科研殿堂的一座大门，进行学术研究，在科研上有所突破和贡献的一个必需的环节，对于新研究者而言尤为重要。

清华大学对博士研究生规定："博士生入学后应在导师的指导下，查阅文献资料，了解学科现状和动向，尽早确定课题方向，在通过资格考试后，进行论文选题报告。选题：课题背景、问题的提出、选题意义、国内外研究现状、主要研究内容、工作特点及难点、预测成果及可能的创新点等。参考文献不少于70篇，原则上外文文献不少于30篇。从选题报告通过到申请答辩时间一般不少于一年。"

4.1.2 文献调研具体内涵

1. 泛调研

当需要了解研究的历史背景，了解研究方向，掌握当前研究的概貌或者撰写综述时，需进行"泛调研"。

2. 精调研

当确定了研究课题，需进行"精调研"，重点关注与研究相关的理论与研究方法。

3. 跟踪最新信息

在学术进行中，还要追踪国内外同行发表的最新相关研究成果。

4.1.3 文献调研从何做起

文献从何找起？取决于对研究课题的了解程度。

对课题不太了解时，需要查找百科全书、专业字词典、手册来初步认识课题。

对课题有比较模糊的认识时，需要查找图书、期刊论文中综述性论文、学位论文的文献综述部分来进一步了解认识课题的基础与历史。

需追踪课题最新、最前沿的发展时，及在课题研究过程中，还需随时关注课题相关的最新期刊论文、会议论文、学位论文等。

如果需要了解科技创新的文献需要查找专利说明书。

目前，科技文献主要以印刷型和电子型的形式存在。印刷型文献存在于实体空间，如图书馆、档案馆、书店。电子型文献存在于各种学术文献数据库和搜索引擎。印刷型文献和电子型文献在内容上有交叉关系，但有的文献只有印刷型，有的只有电子型，有的两种形式都有。现在，很多学术数据库和网络平台，提供了一定数量的预印本/网络首发（如数学、物理、计算机学科领域等）。因此，为了快速检索和获取，查找文献应按照先电子资源，后印刷资源的原则进行。

4.2 电子资源概述

电子资源是指一切以电子数据的方式把文字、图像、声音、动画等多种形式的信息存储在光、磁等非纸介质的载体中，并经过网络通信、计算机或终端等方式再现出来的资源。电子资源多以数据库的形式存在，是集成化的信息资源。集成化信息资源，指不同的多种信息融合在一起，通过某个数据库或工具书集中展现。数据库包括电子全文图书、电子书目、期刊、会议、专利等的全文数据库或者索引数据库等。工具书包括字典、词典、百科全书、手册、名录、年鉴、表谱等。

电子资源具有储存形式多样化、内容丰富、方便实用、更新快、易获取等特点。

要使用电子资源，就要知道电子资源的授权使用、服务方式以及常见的问题。

4.2.1 电子资源的授权使用

图书馆的电子资源有些是免费开放的，如馆藏目录，但绝大部分为授权访问，如电子全文图书、电子期刊，读者在访问时需要进行资格认证。这些授权访问的电子资源是图书馆向数据库商家购买的，且多数属于租用性质，图书馆通过网络向读者提供这些资源时必须遵守使用许可协议。① 如果数据库仅限于教育用途，那么任何读者不能将其用于商业用途。② 图书馆不得向任何第三方透露密码。③ 只对使用许可协议中指定的用户有效，其他用户即使付费也不可能从租用方获得电子资源的使用权。④ 用户对电子资源的使用方式可能因许可协议的规定而受到限制，譬如不少电子书只能在网上浏览，而无法下载。

例如，四川轻化工大学的读者从校园网内的计算机终端访问时，可直点击图书馆网页上的数据库名称使用；从校外的计算机终端访问时，需从"校外访问"入口访问，且输入协议许可的用户名和账号才能使用，毕业或调离学校后的读者再无权使用。

电子资源易于复制与传播，这使得版权问题突出。虽然图书馆在签订数据库购买合同时，数据库商并没有对数据库下载量做出明确的限制，但它们会利用各种先进的技术等手段对数据库的使用情况进行实时监控。一旦有"滥用"行为，系统就会禁止相关IP段的用户访问。为了避免版权纠纷，读者在使用电子资源时应遵守一定的行为规范，如不得使用下载软件下载；不集中连续系统地批量下载；不私自设置代理服务器；不将所获得的文献资料用于个人学习和研究之外的其他用途。

4.2.2 电子资源服务方式

目前，电子资源的服务方式有以下三种：

（1）专线方式。数据库商通过租用网络专线提供服务。终端用户可免费直接访问数据库。这是最常见的服务方式，如美国的《科学引文》数据库（SCI），美国电工与电子工程师学会的出版物全文数据库（IEL）均采用这种方式提供服务。

（2）因特网方式。数据库商通过因特网提供服务，终端访问数据库需要支付通信流量费。

（3）本地镜像服务方式。数据库商将系统软件和数据都在本地服务器上复制一份，如清华同方的"中国学术期刊全文数据库"（简称CNKI"期刊库"）在清华大学图书馆及全国各地建有多个镜像站点，为用户提供服务。镜像服务方式的最大好处是，校园网的用户无须登录，访问快捷方便。此外，在本地服务器上有一份副本，有利于资源的拥有与长期保存。但镜像服务模式也存在着诸多问题：① 本地图书馆需要承担镜像服务器的日常维护。② 数据更新滞后和数据缺失。本地镜像服务器数据更新通常采用邮寄光盘或FTP的方式进行，数据更新比主站点慢，同时还存在数据缺失的问题。③ 服务内容有限。相对于主站点上的丰富的内容与服务而言，镜像站点有很大局限性。如投稿指南，预印文章（In Press）等内容多数只在主站点上提供。

4.2.3 使用电子资源的常见问题

使用电子资源的常见问题归纳如下：

（1）并发用户数限制。指可同时访问某个数据库的人数限制。

（2）可访问的期刊量及数据年代。一些数据库中只有部分期刊可以看到全文，如EBSCO数据库就是一个部分全文数据库。有些期刊同时被多个数据库收录，但数据年代不完全相同。如Science周刊除了在主站点上可以访问外，还可以通过以下数据库访问，但数据库年代不同：PrpQuest（1988—2005），EBSCO（1997—2004），JSTOR（1880—2001）。有些平台同时包含多个数据库，用户只能访问已购买的数据库，如中国知网有期刊、图书、博硕士等共计25个数据库，而四川轻化工大学图书馆只订购了其中期刊、博硕士、标准子数据库。

（3）有些数据库提供的期刊与纸本刊相比有一定的滞后，如中国知网的期刊库一般比纸本刊滞后3～6个月，EBSCO数据库中的一些全文则只能提供一年前的数据。此外，一些镜像服务器与主站点的数据更新不同步。

（4）全文阅读器与专用插件。多数电子图书阅读全文时都需要下载安装专用的阅读器，如超星电子图书，在线阅读时可以网页阅读、PDF阅读、超星阅读器阅读，但下载阅读时只能用超星阅读器。一些数据库需要下载安装客户端软件、专用插件等，如联机光盘库、四库全书、四部丛刊、畅想之星电子图书和随书光盘。还有一些数据库对IE浏览器的版本、设置有要求，如化工文献检索服务系统。

（5）下载与打印。全文电子期刊数据库一般都提供在线浏览、打印和下载，而电子图书一般只能在线浏览。

各个数据库均有说明页和使用指南，使用前应仔细阅读。遇到问题时应充分利用联机帮助。

4.3 图书检索

要全面、系统地获取某一专题的知识，阅读图书是行之有效的方法。但如果要追踪课题最新前沿的发展，图书不是一个好的选择。

4.3.1 查找图书的3个途径

1. 搜索国家级图书馆的馆藏目录

有名的国家图书馆有中国国家图书馆，美国国会图书馆等。中国国家图书馆，担负着国家总书库的职能，全面收集和保管本国所有正式出版物，还大量采选国外有价值的出版物，拥有丰富的外文收藏。

2. 搜索大学图书馆的馆藏目录。

大学图书馆主要职能之一是为本校的教学和科研提供文献资源保障体系，根据本校的学科发展，有选择地收藏用于教学和科研的文献。

如果想同时一站式地查询到多家图书馆的馆藏情况可以利用联合目录。所谓联合目录，是揭示与报道多个文献收藏单位所收藏文献的目录。

联机计算机图书馆中心①（World cat），是世界范围图书馆和其他资料的联合编目库，同时也是世界最大的联机书目数据库，收藏170个国家和地区的72 000个图书馆的馆藏。

国内有名的是CALIS（China Advanced Library Information Source，CALIS）联合目录②，是我国高校图书馆的联合目录。

3. 搜索网络书店

网络书店很多，如亚马逊书店，不仅可搜索图书，还可看到读者写的书评。需注意的是，网络书店上的书评不一定客观、严肃，要想看到客观的述评，建议查阅相关专业学术领

---

① http://worldcat.com/

② http://opac.calis.edu.cn/

域学术期刊的书评部分。

4.3.2 馆藏目录的检索

读者在使用图书馆时，常常需要知道某个图书馆是否收藏了某本图书或期刊，这类问题称为查馆藏，特点是检索对象为完整的出版物，检索工具为馆藏目录系统。

馆藏目录系统是图书馆用来揭示本馆所收藏的图书、报刊等文献资料的工具。由于目前馆藏资源是混合型馆藏，故图书馆的馆藏目录系统通常由两个子目录系统构成，一个用来揭示纸质型的馆藏资料；另一个则用来揭示数字化的馆藏资源，如电子图书、电子期刊以及各类数据库。在现代的计算机技术和网络技术支撑下，已有许多图书馆将这两个子系统加以整合，通过一个统一的检索界面向读者提供服务。本节的馆藏目录主要是指纸质版的馆藏目录。馆藏目录可以提供资料的书目信息及馆藏信息，如纸本馆藏目录系统，它可提供的信息有资料的书目信息（题名、作者、出版年、出版社、ISBN/ISSN、索书号、主题词等）和馆藏信息（馆藏地点和馆藏状态）。

馆藏目录系统是开放的，所有联网计算机都可以免费访问。因此，馆藏目录也称联机公共查询目录，或者称为联机公共目录查询系统（Online Public Access Catalogue，OPAC）。

无论是国家级图书馆的馆藏目录还是大学图书馆的馆藏目录或者是联合目录，它们在使用上都有很多共同之处。下面以图书为例介绍利用馆藏目录来检索的检索步骤、检索字段和检索实例。

4.3.2.1 检索图书的步骤

第一步：选择检索字段。

第二步：输入检索词，进行检索。

第三步：查看检索出来的书目记录。

检索出来的可能既有印刷型图书又有电子版图书，可根据自己需要进行选择。如果只有印刷型图书，依据索书号，到馆藏地点查找图书；如果只有电子图书，依据提供的条件进行在线阅读或下载阅读。

4.3.2.2 图书检索的字段

图书检索可以用题名、关键词、主题词、分类号等描述图书内容特征的字段，也可以用图书的ISBN号、出版社、出版时间、作者等描述图书外部特征的字段进行检索，还可以利用出版年、出版者、语种、资料类型、馆藏地点等限制条件进行检索。

1. 题名检索

图书题名字段包括图书的书名、丛书名、分卷名、译著的原文书名等。题名输入方式常见的有3种。

（1）"前方一致"，指输入完整题名或题名的起始部分。例如，题名中键入"红玫瑰"，查询方式勾选"前方一致"，检索结果中，书名有《红玫瑰》《红玫瑰与白玫瑰》等。

（2）"包含（模糊匹配）"，指输入完整题名或部分题名。同样地，检索词不变，查询方式选择"模糊匹配"，检索出结果中，书名除了上面两种类型以外，还出现了《神探陈汉雄，红玫瑰之谜》这种类似的结果。

（3）"精确匹配（绝对一致）"，指输入的检索词和题名完全一样。同样地，检索词不变，查询方式勾选"绝对一致"，则只有《红玫瑰》符合检索要求。

2．著者检索

图书著者字段包括个人著者、团体著者、译者或编者等。常见的输入方式与题名类似，这里就不再赘述。输入作者姓名时要求姓在前，名在后，这一点对英语作者特别注意。例如，小说家Jane Austen（英），应输入Austen Jane。

3．某一大类图书检索。

当需要检索某一个主题概念的图书时，可以用主题词、关键词检索，如果涉及的概念范围较大，可以选择分类号检索，这样的检索结果往往比较多。

4．图书检索的其他途径。

书号ISBN途径。当需要检索特指某种图书，尤其是书名相同，版次不同的图书时，检索书号ISBN的优势就显现出来了，检索结果是唯一的。

出版时间途径，检索某个出版时间出版的图书。

出版社途径，检索某个出版社出版的图书。

4.3.2.3 纸质馆藏目录检索实例

下面用检索实例来说明图书各种检索途径特点。

1．检索实例1

请问四川轻化工大学图书馆是否收藏了2011年由武汉大学出版社出版的《无机化学》纸质书？若有，请提供馆藏地点以及索书号。

解答：（1）访问四川轻化工大学图书馆主页[①]，如图4-1所示。

图4-1　四川轻化工大学图书馆网页

（2）点击"公共查询"，进入查询馆藏检索界面，如图4-2所示。

---

① http://lib.suse.edu.cn/

图4-2 四川轻化工大学图书馆纸质图书检索界面

（3）选择"文献类型"中文图书，检索途径"题名"，检索词"无机化学"。

检索结果：595条。检索结果较多，进行二次检索，选择"出版者"，检索词"武汉大学"，检索结果排序，选择出版时间。二次检索结果有9条，按照出版时间，找到所需记录，如图4-3所示。

图4-3 检索实例1的检索结果记录

（4）点击"查看详细信息"，获取索书号，馆藏地点等馆藏信息，如图4-4所示（检索时间：2021年5月12日）。

图4-4 检索实例1的馆藏信息界面

2. 检索实例2

检索四川轻化工大学图书馆收藏有关"酿酒工艺"类的纸质图书情况。

解答：由于是查找某一类图书，用"索书号"实现图书对学科进行分类的检索。由《中国图书馆分类法》查得"酿酒工艺"的分类号为"TS261.4"。

检索途径——索书号，检索词——TS261.4。

检索结果：30条（检索时间：2021年5月13日）。

3．检索实例3

检索四川轻化工大学图书馆收藏书名有"财务会计"的纸质图书情况。

解答：由于该题要求书检索名中有"财务会计"的图书。

操作方案1：文献类型"中文图书，"检索途径"题名"，检索词"财务会计"，查询方式默认"前方一致"，检索结果281条（检索时间：2021年5月13日）；检索结果部分界面如图4-5所示。

《财务会计英语（高职）》　　[点击查看详细信息]

索书号：图书馆:H31/4635　　ISBN/ISSN:

外语教学与研究出版社　　07.8.1.1

孙耀远

★加入我的书目选单

所属校区：
图书馆

书目数据库：【中文图书】

《财务会计工作手册：一九八一年》　　[点击查看详细信息]

索书号：图书馆:F23-61/1207/:1　　ISBN/ISSN:

水利电力出版社　　1982.12

水利部财务司编

★加入我的书目选单

所属校区：
图书馆

书目数据库：【中文图书】

图4-5　检索实例3　查询方式选用"前方一致"的检索结果部分界面

操作方案2：文献类型"中文图书"，检索途径"题名"，检索词"财务会计"，查询方式默认"模糊匹配"，检索结果906条（检索时间：2021年5月13日），检索结果部分界面如图4-6所示。经比较，应选用操作方案2。

《建筑材料工业企业财务会计》　　　[点击查看详细信息]
索书号：图书馆:F23/2318　　　ISBN/ISSN:
中国建筑工业出版社　　1979.1
上海建筑材料工业专科学校等合编

★加入我的书目选单

所属校区：
图书馆
书目数据库：【中文图书】

《基本建设财务会计》　　　[点击查看详细信息]
索书号：图书馆:F23/4433　　　ISBN/ISSN:
山东科学技术出版社　　1982
林安宜编
机构名称：NJU

★加入我的书目选单

图4-6　检索实例3 查询方式选用"模糊匹配"的检索结果部分界面

4. 检索实例4

利用高等教育数字图书馆联合目录（见图4-7）查询有关"白酒酿造"的图书有哪些高校图书馆收藏，若其中某一本书本馆没有收藏，怎样获取该书？

图4-7　CALIS联合目录查询界面

解答：（1）打开中国高等教育数字图书馆的公共联合目录查询系统网页，由于该网页提供的框式检索，选择检索字段"主题"，输入检索词"白酒酿造"，检索结果31条（检索时间：2021年7月15日）。

（2）在检索结果界面的左边，可以通过选择"出版年""语种""类型""学科""收录数据库""收录馆"来精简检索结果。本例中，选择"类型"中的"图书"，再选择"出版年"中的"2018"，最后检索结果为1条（清香类型白酒生产工艺集锦 / 高景炎主编）。通过点击馆藏字母"Y"，输入验证码，可以查看哪些图书馆收藏了该书（大连工业大学图书馆、天津大学图书馆、湖北大学图书馆、湖北工业大学图书馆）。

（3）如果所在高校图书馆没有收藏，选择自己方便获取的图书馆，点击"借书"或者"文献传递"，可实现文献馆际互借或文献传递。

4.3.3 电子图书检索

4.3.3.1 电子图书的特点

1. 电子图书概述

电子图书，也称E-book，是指以电子形式存放文本、图像、声音和动画等多种形式的信息，通过磁盘、光盘、网络数据等电子媒体出版发行，并借助于计算机或便携式阅读器进行阅读的一种新媒体工具。电子图书的检索除了与上面的馆藏目录纸质图书检索途径相同之外，还可以用目录进行检索。

电子图书最为成功的例子就是美国科幻小说家斯蒂芬·金2001年3月14日通过自己网站[①]发行自己的电子作品《骑弹飞行》（*Riding the Bullet*）。这本66页的"小书"两天内就有50万人次登录浏览，网上发行1个月，作者获利45万美元。此事成为出版史上的一次标志性事件。从此，电子图书声名鹊起，成为出版商、图书销售商、信息技术服务商关注与投资的对象。电子图书的出现使知识的传播与利用方式发生巨大变革。

2. 电子图书的优缺点

与传统的纸质图书相比，电子图书具有以下优点：

（1）价格低廉。电子图书的出版发行实现了无纸化和零库存，极大地降低了图书制作与发行成本。电子图书的平均价格比相应的纸本图书低35%。

（2）发行速度快、更新及时、易于传播与共享。

（3）存储密度高，便于携带，可有效解决收藏空间不足的问题。

（4）功能强大，使用方便。除了提供书签、标注、摘抄等功能外，许多电子图书系统还提供图书内容的查找功能。

（5）可以分章节购买。

当然，目前电子图书还存在一些不足：

（1）舒适性差，不具备传统的阅读体验。对大多数读者而言，纸本图书看起来更加亲切，阅读效率高。

（2）显示器容易造成视觉疲劳。

（3）阅读软件种类繁多，互不兼容，给读者用户使用带来不便。

（4）出版内容还不够丰富。目前，网络免费的电子图书主要是人文社科方面的如小

---

① https://stephenking.com/

说、娱乐休闲类文本，而自然科学方面的较少，要获取这类图书内容，需要支付费用。

4.3.3.2 电子图书的使用

1. 安装专用阅读浏览器

通常来说，电子图书检索是免费的，但阅读全文需要注册或者付费。有些电子图书使用IE、火狐浏览器，有些采用PDF阅读器；还有的需要下载安装对应专用的阅读软件，如超星电子图书、方正电子图书等。而外文电子图书基本上都使用PDF阅读器。

2. 检索图书

在电子图书使用过程中，通常来说寻找专业相关的图书用书名或主题词或图书分类导航；寻找特定的图书用高级搜索；寻找相关内容的图书章节，用全部字段；寻找专业相关新书和热门书籍使用系统提供的推荐功能。中文电子图书检索一般只有书名、作者、出版社检索。外文电子图书可以对书名、章节名、作者等进行检索，详见表4-1。

表4-1　电子图书使用方法

方　式	手　段	使用方法
浏览	按学科浏览	进入相应学科后，可以进行进一步检索
	热门书籍浏览	直接点击书名或图标，就可以阅读
	新书浏览	单击书名或图标，就可以阅读
检索	简单检索	单字段，一般用标题进行检索
	高级检索	多字段，通常包括标题、作者、出版社等

3. 阅读、保存、下载图书

不同阅读器提供的功能不同，通常的功能包括下载、文字识别、图像复制、引用格式、书内搜索、标注、翻页、到指定页面等。可供阅读电子书的平台越来越多，除了现有的计算机、PAD、手机、电子书阅读机之外，电视、手表、冰箱也都有可能成为其平台。

电子图书一般可以保存、打印、下载、文献传递，如超星、读秀可全文下载。其他图书电子数据库大都有页码限制或者需要以"借阅"的形式下载，下载后需用专门的阅读软件阅读，"借阅"期满后则无法阅读，如方正电子图书馆。

4. 常见的电子图书

常见的电子图书数据库见表4-2和表4-3。

表4-2　常见的中文电子图书数据库

数据库名称	简　介
超星电子图书① 高校集团用户②	北京世纪超星信息公司提供
畅享之星电子图书及非书资源③	由北京畅想之星信息技术有限公司独立研发的一个集版权管理、新书发布、纸书荐购、电子图书阅读与知识发现于一体的综合性文献服务平台，该平台有400余家出版机构入驻，电子图书30余万种，其中近3年出版电子图书近8万种。阅读或下载全文时需要下载安装指定的客户端
书香中国④	聚合国内400多家出版机构与大量知名作家的作品，图书涵盖科普、人文、地理、历史、文学、史记、人物传记等22个大类。此外，还提供3万多集网络畅销小说、书评、相声等500 GB以上的优质有声读物
方正电子图书⑤（也称：阿帕比电子图书—中华数字书苑）	由北大方正阿帕比技术有限公司提供。收录了新中国成立以来的部分图书全文资源、全国各级各类报纸及年鉴、工具书、图片等特色资源产品，包含110万电子图书库、220万种书目信息、500种数字报纸库、2 000种工具书库、1 500种年鉴、20万张艺术图片。所有内容持续更新。阅读全文需下载安装"方正电子书阅读器Apabi Reader"
书生之家电子图书（一般链接在已购买单位的网页）	由北京书生科技公司提供。该库提供10多万种图书全文在线阅读，内容涉及各学科领域，较侧重教材教参与考试类、文学艺术类、经济金融与工商管理类
中国大百科全书网络版⑥	由《中国大百科全书》出版社提供，中国大百科全书网络版以《中国大百科全书》和中国百科术语数据库为基础，向局域网用户提供在局域网范围内检索使用的《中国大百科全书》，共收条目78 203条，计12 568万字，图表5万余幅。内容涵盖了哲学、社会科学、文学艺术、文化教育、自然科学、工程技术等66个学科领域
《文渊阁四库全书》电子版古籍类⑦	四库全书内联网3.0版可按类目浏览直接翻开各书页，也可全文检索，检索范围包括全文、注释、标题及图像标题、书名、著者和四库类目范围，也可根据需要选定关键词的关联字一并进行检索。数据库还配备了多种参考工具

---

① http://book.chaoxing.com/

② http://edu.sslibrary.com/

③ https://www.cxstar.com/

④ http://www.chineseall.cn/

⑤ http://www.apabi.com/

⑥ https://h.bkzx.cn/

⑦ http://www.sikuquanshu.com/

数据库名称	简　介
大学数字图书馆合作计划[①]（China-American Digtial Academic Library，CADAL）	项目将数字化100万册中英文图书。其中，从美国数字图书馆联盟高校选择50万册英文图书资源进行数字化转换，50万册中文图书资源进行数字化转换。目前，古籍、民国书刊之类没有版权限制的文献可让大家共享，高校普通读者只能免费阅读不存在版权问题图书的全文

表4-3　常见的外文电子图书

数据库名称	简　介
Springer电子图书[②]	由德国施普林格（Springer-Verlag）出版集团提供。所有图书划分为12个学科：建筑学、设计和艺术；行为科学；生物医学和生命科学；商业和经济；化学和材料科学；计算机科学；地球和环境科学；工程学；人文、社科和法律；数学和统计学；医学；物理和天文学
Knovel电子图书[③]	目前收录了90多家重要科技出版商以及包括AIAA、AIChE、ASME和NACE在内的专业学会出版的3 000多本重要参考工具书。
NAP免费电子图书[④]	由美国国家科学院下属的学术出版机构The National Press提供。主要出版美国国家科学院、国家工程院、医学研究所和国家研究委员会的报告。目前，通过其主站点可以免费浏览3 000多种图书，内容覆盖环境科学、生物学、医学、计算机科学、地球科学、数学和统计学、物理、化学、教育等领域
EBSCO电子书[⑤]	该库内容涉及商业与经济、计算机科学、教育、工程与技术、历史、法律、数学、哲学、心理学、政治学、社会学、艺术与建筑等。所有电子图书都内嵌了在线字典，方便查询词义和读音

4.3.3.3　电子图书使用实例——超星电子图书介绍

1. 超星电子图书数据库简介

超星电子图书由北京世纪超星信息技术发展有限公司1993年开始开发，收录文献类型只有图书，涉及从马列毛泽东思想到综合性所有学科专业，收录的电子图书时间范围从1977年到现在。目前，收录的电子图书收录量有300余万种图书（学术性、专业性），是世界上最

---

① http://www.cadal.edu.cn/index/home.

② http://www.springer.com/

③ http://app.knovel.com/kn.

④ http://nap.nationalacademies.org/

⑤ https://web.b.ebscohost.com/

大的中文在线数字图书。该数据库图书每日更新，其中大部分图书可供免费浏览。

2．数据库访问

单个用户需注册使用。购买数据库单位的集团用户（如高校）读者通过所在单位网页上链接访问。例如，四川轻化工大学的读者在校内访问时，可直接点击图书馆网页上的数据库链接，校外访问时，通过图书馆的"校外访问"入口，经过权限识别后就可使用。

3．数据库检索

1）浏览检索

超星电子图书的浏览检索按《中国图书馆分类法》的分类进行浏览，每一类目给出了类目名称，单击某类即显示该类下的图书列表，提供了三级类目，可逐层打开，如图4-8中的黑框1。

图4-8　超星电子图书检索界面

2）框式检索和高级检索

在图4-8中，黑框3就是数据库提供的框式检索和高级检索。框式检索提供了书名、作者、目录和全文检索字段。高级检索提供书名、作者、主题词检索，字段之间只支持逻辑与算符，除此之外，还提供时间、中图分类号的限制检索。

4．电子图书阅读

该数据库主要提供超星阅读器阅读和网页阅读，部分图书提供了PDF阅读等方式。

网页阅读即在线阅读，不需安装阅读器。在网页阅读界面。单击"目录"，如图4-9中的黑框1所示，可显示该书的目录内容，再次点击"目录"，目录内容则隐藏起来。如果需要书中某段或某几行文字，则点击如图4-9中所示的黑框2的"文字摘录"。如果需要从网页阅读切换到阅读器阅读，可点击图4-9中所示的黑框3的超星阅读器图标。

PDF阅读，需要安装PDF阅读器，就可以阅读。这个阅读界面的文字可以直接复制。

图4-9　超星电子图书网页阅读示例界面

阅读器阅读要安装指定的超星阅读器才能阅读。安装超星阅读软件，点击图4-8中的黑框2"客户端下载"，下载并安装，就可以使用。在阅读器阅读界面，点击图4-10中的黑框1，可以显示或隐藏图书目录，点击图4-10中的黑框2，可以对书中所需要的文字进行识别、复制；还可以点击文字识别右边的"标注绘制"按钮，对书中的内容进行标注。

图4-10　超星电子图书阅读器阅读实例界面

5. 电子图书下载。

超星电子图书数据库可以对整本书下载，下载的图书支持阅读器阅读。由于超星公司通过技术手段实现了图书版权的网上保护，对于直接下载的电子图书只限本机阅读和使用，如果确有必要将电子图书移动到其他计算机上使用，读者必须先注册一个用户名，然后再进行下载，并在其他计算机上以该用户名进入"ssreader"。

4.4 学术期刊文献检索

4.4.1 期刊文献概述

1. 期刊概述

期刊文献"能及时反映各学科发展的最新动向和科学研究的最新成果，是当代科研工作者极为重视的文献类型"，因此，"了解与自己的课题相关的研究状况，查找必要的参考文献；了解某学科水平动态；学习专业知识。"就需要查找期刊文献。

期刊是学术研究采用最多、应用最广的文献类型，一般检索工具都会收录期刊。目前，绝大多数检索系统都会提供电子期刊。

期刊数据库的检索特点是检索入口多，除了题名、主题、关键词、文摘、作者、作者单位，还可以按刊名、ISSN号检索和浏览。可对期刊类型进行选择，中文期刊类型包括全部期刊、核心期刊、EI来源期刊、CA来源期刊、CSCD来源期刊、CSSCI来源期刊；外文期刊类型包括Subscribed Publications、Open Access Articles。

馆藏目录的纸质期刊检索与图书的馆藏纸质图书检索相似，这里就不再赘述，下面主要谈谈电子期刊文献的检索。

2. 电子期刊

电子期刊（E-Journal）是指以数字形式存在，通过网络传播的期刊。它包括只在网上出版发行的纯电子期刊以及数字化的纸本期刊。

目前，电子期刊的来源有两大途径：一是由大型出版社提供，这类情况多是以某个大型出版社出版的期刊为主，因此收录比较稳定，如Elsevier ScienceDirect、SpringerLink等；二是由数据集成商提供，如CNKI期刊库、维普期刊库、万方数字化期刊等，由于所收录的期刊并不是专属期刊，涉及出版社向集成服务商授权的问题，期刊来源不太稳定，且电子版通常较印刷版滞后3~4个月，有许多期刊同时被多个数据库重复收录。

与纸本期刊相比，电子期刊数据库具有以下特点：

（1）时效性强。电子期刊基于网络平台的出版发行，没有传统的邮寄问题，因而可以比纸本刊更快地与读者见面.同时，越来越多的期刊通过"Article In Press"方式提供已录用的文章，当纸本还在排版印刷时，读者就已经能在网上看到全文了。

（2）功能强大。电子期刊数据库提供期刊浏览与检索、期刊导航以及期刊投稿信息查询等功能。有些电子期刊数据库还提供文章的增补内容。如Science Online提供与文章的结论有直接关系，但因版面限制而不能发表的文字、表格、图片等附加材料，类似的期刊数据库还有中国知网CNKI。此外，同一份电子期刊可供多位读者同时使用。

（3）信息通报（Alert）。系统按用户设置自动将有关的最新文献信息定期发送到用户邮箱，如Elsevier ScienceDirect的Alert服务提供的最新目次、最新的文章信息以及最新的文章被引用信息等。

（4）参考文献链接。一些电子期刊数据库还提供参考文献链接（也称引文链接），单击参考文献的篇名就可以看到原文。

（5）通过各自的平台提供服务。国内外常用的综合性全文电子期刊一般都有各自的服务平台，如Elsevier的ScienceDirect平台、Springer的SpringerLink平台，这些平台主要是各出版社用来为自己出版的期刊或相关出版物服务的。

（6）访问控制。电子期刊数据库一般采用IP地址控制访问权限，少数采用IP地址+账号密码方式；电子期刊数据库的题录信息一般是免费开放的，而全文只有订购用户才能浏览。此外，一些电子期刊数据库还有并发用户数的限制，即限制同时访问数据库的用户数量。

4.4.2 常用的中文期刊数据库介绍

4.4.2.1 三大中文学术平台概述

查找国内学术期刊论文，主要利用三大中文平台：中国知网、万方知识服务平台和维普期刊整合服务平台。

1. 中国知网[①]（CNKI）

中国知网，即中国国家知识基础设施工程（China National Knowledge Infrastructure，CNKI），始建于1999年6月，由清华大学、清华同方发起，是清华大学重点项目。

中国知网是全球领先的数字出版平台，是一家致力于为海内外各行各业提供知识与情报服务的专业网站。目前，中国知网服务的读者超过4 000万，中心网站及镜像站点年文献下载量突破30亿次，是全球备受推崇的知识服务品牌。收录中国期刊、博硕士论文、报纸、会议论文、年鉴、工具书、百科全书、专利、标准、科技成果及法律法规等各种资源，囊括了中国近90%的信息资源，还与Springer、Taylor & Francis和Wiley等重大国际出版物整合，形成中外文知识网络服务系统，是目前资源类型完整、内容全面的国家知识资源保障体系。

1）中国学术期刊（网络版）

中国学术期刊（网络版）是第一部以全文数据库形式大规模集成出版学术期刊文献的电子期刊，是目前具有全球影响力的连续动态更新的中文学术期刊全文数据库。内容覆盖自然科学、工程技术、农业、哲学、医学、人文社会科学等各个领域。产品分为十大专辑：基础科学、工程科技Ⅰ、工程科技Ⅱ、农业科技、医药卫生科技、哲学与人文科学、社会科学Ⅰ、社会科学Ⅱ、信息科技、经济与管理科学。十大专辑下划分168个专题。中国知网中的中国学术期刊全文数据库实现中、外文期刊整合检索。其中，中文学术期刊8 530余种（检索时间：2021年7月19日），含北大核心期刊1 970余种，网络首发期刊2 160余种，最早回溯至1915年，共计5 770余万篇全文文献；外文学术期刊包括来自80个国家及地区900余家出版社的期刊7.5万余种，覆盖JCR期刊的96%，Scopus期刊的90%。

收录年限：最早回溯至19世纪，共计1.1余亿篇外文题录，可链接全文。

2）中国博硕士学位论文全文数据库

中国博硕士学位论文全文数据库收录全国985、211工程等重点高校，中国科学院、社会科学院等研究院所的博硕士学位论文。覆盖基础科学、工程技术、农业、医学、哲学、人

---

① http://www.cnki.net

文、社会科学等各个领域。

收录年限：从1984年至今的博硕士学位论文。

3）国内外重要会议论文全文数据库

国内外重要会议论文全文数据库重点收录1999年以来，中国科协、社科联系统及省级以上的学会、协会，高校、科研机构，政府机关等举办的重要会议上发表的文献。其中，全国性会议文献超过总量的80%，部分连续召开的重要会议论文回溯至1953年。

4）中国重要报纸全文数据库

中国重要报纸全文数据库收录2000年以来中国国内公开发行的650余种重要报纸刊载的学术性、资料性文献的连续动态更新的数据库，累积报纸全文文献1 970余万篇。

5）中国年鉴网络出版总库

中国年鉴网络出版总库是目前国内较大的连续更新的动态年鉴资源全文数据库。内容覆盖基本国情、地理历史、政治军事外交、法律、经济、科学技术、教育、文化体育事业、医疗卫生、社会生活、人物、统计资料、文件标准与法律法规等各个领域。

收录年限：1949年至今。

服务模式及出版时间：① 实时发布，云租用、云托管、云机构馆托管。② 镜像版每年6月、12月更新出版。

6）专利数据库

专利数据库包含中国专利全文数据库（知网版）和海外专利摘要数据库（知网版）。可以通过申请号、申请日、公开号、公开日、专利名称、关键词、分类号、申请人、发明人、优先权等检索项进行检索，并一次性下载专利说明书全文。国外专利说明书全文链接到欧洲专利局网站。

收录年限：从1985年至今的中国专利；从1970年至今的国外专利，少量回溯。

更新频率：实时发布。

7）标准数据库

标准数据库包括国家标准全文、行业标准全文、职业标准全文以及国内外标准题录数据库，共计60余万项。其中，国家标准全文数据库可以通过标准号、标准名称、发布单位、起草人、发布日期、实施日期、中国标准分类号、国际标准分类号等检索项进行检索。

收录年限：1950年至今。

更新频率：实时更新。

8）中国科技项目创新成果鉴定意见数据库（知网版）

中国科技项目创新成果鉴定意见数据库（知网版）收录正式登记的中国科技成果，按行业、成果级别、学科领域分类。每条成果信息包含成果概况、立项、评价，知识产权状况及成果应用，成果完成单位、完成人等基本信息，并包含该成果的鉴定数据（推广应用前景与措施、主要技术文件目录及来源、测试报告和鉴定意见等内容）。目前，共计收录90余万项成果，年更新约4.8万项。

收录年限：从1978年至今的科技成果，部分成果回溯至1920年。

更新频率：实时发布。

9）中国图书全文数据库（心可书馆）

中国知网以海内外2亿专业读者为服务对象，集图书检索、专业化推荐、在线研学、在线订阅功能于一体，根据读者工作与学习的专业领域等个性化需求，针对性推送相关专业图书。读者可通过整书、章节文本的可视化对比，遴选订阅最优、最新、最适合自身需要的图书。中国图书全文数据库（心可书馆）基于中国知网海内外文献资源构建的"知网星空"，通过参考文献、引证文献等关联关系，实现了图书内容与其他各类文献的深度关联融合，为读者提供启发探索、深度思考、利于研学的"心可书馆"。

收录年限：1949年至今。

服务模式：云租用

10）中国法律知识资源总库

中国法律知识资源总库由清华大学发起、新闻出版总署批准、中国知网承建，于2008年创刊发布。"法库"以"实现法律信息资源的共享与增值，推动法治进步"为目标，对涉法信息进行全面、科学、深度整合，融合了知识关联、知识评价、大数据分析等先进技术，一次性涵盖法律法规、司法解释、典型案例、案例评析、期刊、报纸、学位论文、会议论文等类型的法律知识资源。

2. 万方知识服务平台[①]

万方知识服务平台（Wanfang Data Knowledge Service Platform），是国家科技支撑计划资助项目，是在原万方数据资源系统的基础上，整合数亿条全球优质学术资源，集成期刊、学位、会议、科技报告、专利、视频等十余种资源类型，覆盖自然科学、工程技术、医药卫生、农业科学、哲学政法、社会科学、科教文艺等全学科领域，覆盖各研究层次。

万方数据库库中的中国学术期刊数据库（China Online Journals，COJ），收录始于1998年，包含8 000余种期刊（检索时间：2021年7月19日），其中包含北京大学、中国科学技术信息研究所、中国科学院文献情报中心、南京大学、中国社会科学院历年收录的核心期刊3 300余种，以及40 000余种国外重要学术期刊，主要来源于NSTL外文文献数据库以及数十家著名学术出版机构，及DOAJ、PubMed等知名开放获取平台。年增300万篇，每周更新2次，涵盖自然科学、工程技术、医药卫生、农业科学、哲学政法、社会科学、科教文艺等各个学科。

万方平台提供的服务有万方检测、万方分析、万方书案、万方学术圈和万方选题以及在线投稿服务等。

1）万方检测

万方检测（WF Similarity Detection）于2016年在检测算法、数据积累、用户体验等方面都进行了全面的升级并更名。该系统采用先进的检测技术，实现海量数据全文比对，秉持客观、公正、精准、全面的原则，提供多版本、多维度的检测报告，检测结果精准翔实，为科研管理机构、教育领域、出版发行领域、学术个体等客户和用户提供各类学术科研成果的

---

① http://www.wanfangdata.com.cn/

相似性检测服务。

2）万方分析

万方分析（WFStats）针对科研人员、科研管理人员、科研决策人员等不同用户群体，提供主题研究现状分析、学科发展动态跟踪、分析学者/机构的学术能力监测、期刊学术影响力评价、地区科研水平定位等服务，为科学研究、科研决策、学科建设等提供数据支持和科学解决方案。

3）万方书案

万方书案（WFDesk）满足用户文献管理、知识组织、知识重组等需求的在线个人管理。万方云章紧密嵌接资源检索和利用过程，提供高效的管理、组织、阅读、引用等辅助功能，帮助用户建立并不断完善个人知识体系与学习框架，从而增进知识理解、促进知识决策、推进知识创新。

4）万方学术圈

万方学术圈（WFLink）基于优质学术内容的轻社交平台，提供学术文献分享、科研档案展示、学术认知交流等功能，营造轻松、友好、专业的学术氛围，帮助学者们进行学术探讨与交流互动。

5）万方选题

万方选题（WFTopic）利用数据挖掘算法、知识关联技术深度挖掘中外文海量学术资源，揭示学科研究热点与新兴研究前沿，帮助科研人员快速把握选题方向、客观评估选题价值，为科研立项、论文选题等科研过程提供专业化支撑服务。

万方知识服务平台提供的检索方法有万方智搜（也即框式检索）、高级检索和专业检索。

3．维普期刊资源整合服务平台[①]——中文科技期刊数据库

维普期刊资源整合服务平台是由重庆维普资讯有限公司建立的网站，网站陆续建立了与谷歌学术搜索频道、百度文库、百度百科的战略合作关系。该平台主要资源是中文科技期刊数据库从1989年至今的15 300余种期刊刊载的论文，涵盖社会科学、经济管理、图书情报、教育科学、自然科学、医药卫生、农业科学和工程技术等学科。

此外，维普资讯网还有智慧图书馆数据服务平台，维普考试服务系统和维普硕博论文检测系统。

维普资讯网可进行基本检索，也可选择高级检索。

该平台提供的基本检索即框式检索，在检索框中输入检索词，可不匹配字段检索，由系统在任意字段检索，查全率高；也可指定在题名或关键词、题名、关键词、文摘、作者、第一作者和机构字段检索，缩小检索范围，提高检索结果相关度。在做基本检索的过程中，检索框中输入的所有字符均被视为检索词，不支持任何逻辑运算；如果输入逻辑运算符，将被视为检索词或停用词进行处理。

该平台提供的高级检索中，检索框中可支持"并且"（AND/and/*）、"或者"（OR/

---

① http://lib.cqvip.com

or/+）、"非"（NOT/not/）三种简单逻辑运算。

逻辑运算符AND、OR、NOT，其前后须空一格；逻辑运算符优先级为NOT>AND>OR，且可通过英文半角（）进一步提高优先级。

表达式中，检索内容包含AND/and/*、NOT/not/–、OR/or/+等运算符或特殊字符检索时，需加半角引号单独处理，如"multi-display""C++"。

该平台提供的精确检索请使用检索框后方的"精确"选项。

该平台还提供了同义词表、中图分类表。

在执行检索前，还可以选择时间、期刊来源、学科等检索条件对检索范围进行限定。每次调整检索策略并执行检索后，均会在检索区下方生成一个新的检索结果列表，方便对多个检索策略的结果进行比对分析。

维普资讯功能模块：期刊导航、机构导航、作者导航、引证最终、科学指标。

4.4.2.2 三大平台收录文献交叉情况

三大中文学术平台在期刊文献收录上有交叉重复情况，可参见表4-4。

表4-4 三大数据库收录期刊重复情况[①]

数据库	期刊重复数
维普与中国知网	5 845种
维普与万方	5 718种
中国知网与万方	5 157种
维普、中国知网与万方	4 650种

三大数据库虽然有重复收录的期刊，但是收录期刊文献的起止时间也不尽相同。例如，《通信学报》，万方的中国学术期刊数据收录的是1998年至今，维普科技期刊数据收录的时间是1989年至今，中国知网中的学术期刊全文库收录的时间大多数是1980年至今。

三大数据库收录的期刊也有不重复的期刊文献，有各自独家收录的期刊。例如，《中国社会科学》是中国知网全文数据独家收录的学术期刊，在维普科技期刊数据库和万方数据库库中的学术期刊库不能获取全文，只能"文献传递"才能获取全文。所以，要想比较全面地检索中文学术期刊论文，三大中文平台都要使用。

除了期刊文献，万方知识服务平台和中国知网在收录学位论文、专利文献、标准文献、成果等方面与期刊文献同样也存在交叉收录和不重复收录的情况。

4.4.2.3 三大中文学术平台功能

---

① 刘素清，廖三三. 用户视角下的电子资源利用障碍及对策[J]. 图书情报工作，2013，21：48-51.

三大平台主要功能：

（1）检索功能：三大平台论文都可免费检索，提供多种检索方式，有基本检索（初级检索或者框式检索）、传统检索（如维普数据）、高级检索、专业检索、期刊导航等，中国知网数据库还提供了作者发文检索、句子检索、引文检索和知识元检索。

（2）阅读功能：可以在线或下载阅读全文，但都需要付费。

（3）可以把检索到的论文信息导入Refworks、EndNote等个人文献管理软件。

4.4.2.4 其他中文期刊数据库介绍

除了三大中文学术平台可以检索中文期刊文献，还有其他数据库或平台也可检索中文期刊文献，见表4-5。

表4-5　其他中文期刊数据库

数据库名称	简　介
中文社会科学引文索引①（CSSCI）	从全国3 500种左右的中文人文科学、社会科学学术期刊中精选了400多种学术水平较高、参考文献等引文比较规范的学术期刊作为CSSCI的源刊，可从来源文献和被引文献两个方面向用户提供信息
晚清期刊全文数据库（1833—1911年）全文电子期刊②	数据库收录了1833—1911年出版的300多种期刊，几乎囊括了当时出版的所有期刊，拥有众多的"期刊之最"，是研究晚清历史专业人士必备的数据库检索工具
民国时期期刊全文数据库③（1911—1949年）	已出版1～10辑，共收录17 500余种期刊的830万多篇文章。中国大陆用户可通过国家图书免费注册，即可免费在线检索阅读全文
龙源电子期刊④	龙源期刊网是根据客户的特点和需求，将1 900多种人文大众类数字化期刊按时事政治、现代文学、文化艺术、管理财经等九大类进行归集整理，每个大类的每个刊物都是以正刊现刊网络出版的方式呈现的。中国大陆用户可通过国家图书馆免费注册用户免费阅读
博看网⑤	收录3 000多种，6万余本畅销报刊，提供在线阅读

4.4.3 中文期刊全文数据库检索操作举例——中国知网学术期刊全文数据库

本节以中国知网为例，介绍中文学术论文的查找。

---

① http://cssci.nju.edu.cn/

② https://www.cnbksy.cn/

③ http://www.nlc.cn/

④ http://www.qikan.com.cn

⑤ http://new.bookan.com.cn/

中国知网提供多样化、个性化的检索方式，包含一框式检索、专业检索、高级检索、作者发文检索、句子检索和引文检索。

个人用户，可以通过购买CNKI检索阅读卡使用。对于机构用户，中国知网CNKI一般采用IP地址加账号密码控制访问权限，有并发用户数限制。当并发用户数满时，在检索界面上的专辑导航名称后显示栅锁图标，此时，可以检索，但无法下载全文。中国知网数据库有自己专用的阅读软件CAJViewer阅读器。

1. 文献类型选择、设置

进入中国知网数据库界面，如果需要指定文献类型的选择检索，可在检索框下面进行文献类型的选择设置，如检索期刊文献，就去掉其他文献勾选，或者只点击"学术期刊"，如图4-11所示。

图4-11 中国知网数据库首页——文献类型选择示例界面

2. 了解检索字段

在检索框，点击下拉式菜单，可看到中国知网提供的检索字段，有主题、篇关摘、关键词、篇名、全文、第一作者、通讯作者、基金、摘要、小标题、参考文献、分类号、文献来源和DOI。

文献的DOI（Digital Object Unique Identifier）是用来标识在数字环境中的内容对象，即用来标识该文献的代码。

通讯作者：通讯作者往往指课题的总负责人、学术指导人或导师，承担课题的经费、设计、文章的书写和把关，是文章和研究材料的联系人，担负着文章可靠性的责任，负责与编辑部的一切通信联系和接受读者的咨询等。论文的第一作者必须是第一线操作的实施者和原始数据的收集和处理人，又是初稿的执笔人，第一作者当然要对研究结果和数据的真实性负首要责任，因此研究生论文的第一作者必须是研究生本人，不是导师或领导。

3. 框式检索（即快速检索）

将检索功能浓缩至"一框"中，根据不同检索项的需求特点采用不同的检索机制和匹配方式，体现智能检索优势，操作便捷，检索结果兼顾查全率和查准率。

一框式检索既可进行单库检索，也可进行跨库检索。

检索实例1：篇名中出现雾霾防治的文献。

（1）选择检索字段：篇名。

（2）提取检索词：雾霾防治。

点击检索，检索结果界面如图4-12所示（检索时间：2021年7月22日）。

图4-12　中国知网检索实例1的检索结果界面

4. 高级检索

中国知网高级检索提供多字段组合检索，也可选择单库检索或者跨库检索。

1）进入检索界面方法

在图4-11所示的界面中，点击框式检索右边的按钮"高级检索"，进入中国知网高级检索界面，如图4-13所示。

图4-13　中国知网高级检索界面

2）学科选择

在高级检索界面的左边，有10个学科大类选择。每个大类下面还可展开进行更细的学科分类选择。

3）检索词的输入方式（精确/模糊；词频）

在高级检索界面，检索词的输入方式有"精确""模糊"的选择。选择"精确"，输入检索词的每个字中间不允许插入其他字词，且前后顺序固定。如果选择"模糊"，输入检索词的字中间有其他字插入，且前后关系不固定。

例如，在篇名字段输入"大学图书馆"，输入方式选择"精确"，检索结果记录的篇名情况如下：

"大学图书馆数字学习服务研究"

"我国现代大学图书馆功能定位研究"

……

在篇名字段输入"大学图书馆"，而输入方式选择"模糊"，检索结果记录的篇名情况如下：

"德国U15大学联盟成员图书馆学术出版服务实践及启示"

"澳大利亚迪肯大学图书馆数字素养教育实践及启示"

"高校图书馆开展文化艺术展览服务实践研究——以华南师范大学为例"

……

全文和摘要检索时，可选择词频，辅助优化检索结果。

选择词频数后进行检索，检索结果为在全文或摘要范围内，包含检索词，且检索词出现次数大于等于所选词频的文献。

4）其他限制条件选择

在高级检索界面，是多个检索字段与布尔逻辑算符的组配使用。除了这些，还有"网络首发""增强出版""基金文献""中英文扩展""同义词扩展""时间范围"等限制条件的选择，以满足不同的检索需要。

检索实例2：城市改造中的旧城区问题。

选择检索字段：关键词。

提取检索词：旧城区、城市改造。

检索词之间逻辑组配：旧城区 AND 城市改造。

检索：检索结果为5条记录。

检索时间：2021年7月22日。

分析检索结果：检索结果不多，还考虑同义词和相关词，才能较全检索出相关文献。

"旧城区"同义词"老城区"，逻辑组配关系为旧城区 OR 老城区。

"城市改造"同义词"城市建设"，逻辑组配关系为：城市改造 OR 城市建设。

由于中文数据库中为了避免简称术语的混淆，用"+"表示逻辑或，用"*"表示逻辑与，用"—"表示逻辑非算符。所以，最后的检索式为（旧城区 + 老城区）AND（城市改造 + 城市建设），在高级检索界面输入示例如图4-14所示，检索结果为29条（检索时间：2021年7月22日），大大提高了检出率。

需要说明的是"+""*""-"前后需空一格。

图4-14　中国知网高级检索实例输入示例

检索实例3：用中国知网《学术期刊》查找2015—2019年国内核心期刊上登载的有关"纳米材料"方面的文章。

检索词：纳米材料，选择篇名字段，分类目录全选。

数据年代：2015—2019年，精确匹配。

检索范围：核心期刊。

检索结果：882条记录。

检索时间：2022年3月23日。

检索实例4：在中国知网"学术期刊"中查找2018年有关计算机病毒方面的资料，请说明下面哪种检索方式更合适。

检索式1：篇名=计算机病毒。

检索式2：篇名=病毒。

检索式3：中图分类号=TP309.5。

检索结果及分析见表4-6。

检索时间：2022年3月23日

表4-6　检索实例4的检索记录及结果分析

检索式	命中篇数	检索结果及分析
篇名=计算机病毒	66	无法检索出类似于木马病毒、蠕虫病毒等文献
篇名=病毒	6 570	同时检索出"计算机病毒"和"医学病毒"
中图分类号=TP309.5	102	检索出的结果均为计算机病毒方面的资料

注：对于检索概念与检索名称不一一对应的问题，采用分类号检索查找更为可靠。

5．专业检索

在高级检索界面（见图4-13），有专业检索选项的选择。专业检索适于图书情报专业人员查新、信息分析等工作，使用运算符和检索词构造检索式进行检索，是比较复杂的一种检索方法。在专业检索界面右侧，给出了专业检索的"使用方法"。

专业检索的一般流程：确定检索字段构造一般检索式，借助字段间关系运算符和检索值限定运算符可以构造复杂的检索式。

专业检索表达式的一般式：<字段><匹配运算符><检索值>。

在文献总库中提供以下可检索字段：SU=主题，TI=题名，KY=关键词，AB=摘要，FT=全文，AU=作者，FI=第一责任人，RP=通讯作者，AF=机构，JN=文献来源，RF=参考文献，YE=年，FU=基金，CLC=分类号，SN=ISSN，CN=统一刊号，IB=ISBN，CF=被引频次。

运算符构造检索表达式见表4-7，需要注意：

（1）使用AND/*、OR/+、NOT/-可以组合多个字段，构建如下的检索式：<字段><匹配运算符><检索值><逻辑运算符><字段><匹配运算符><检索值>，逻辑运算符"AND（与）""OR（或）""NOT（非）"前后要有空格。

（2）多个复合运算符组合可以用"()"来改变运算顺序。

（3）"#""%""/NEAR N""/PREV N""/AFT N""/SEN N""/PRG N"是单次对单个检索字段中的两个值进行限定的语法，仅限于两个值，不适用于连接多值进行检索。

检索实例5：检索龚敏以材料腐蚀与防护四川省重点实验室或者四川理工学院材料与化学工程学院材料腐蚀与防护四川省重点实验室，为机构发表的题名包含2205双相不锈钢的文章。

检索式：AU=龚敏 AND TI=2205双相不锈钢 AND (AF=材料腐蚀与防护四川省重点实验室 OR AF=四川理工学院材料与化学工程学院材料腐蚀与防护四川省重点实验室)。

表4-7　中国知网专业检索运算符使用说明

运算符	例子	检索含义	使用检索项
=str	AU='钟南山'	精确匹配作者字段"钟南山"	TI、AB、FT、RF
	TI=应力腐蚀开裂	题名字段包含"应力腐蚀开裂"	KY、AU、FI、RP、JN、AF、FU、CLC、SN、CN、IB、CF
*	FT = 催化剂 * 反应率	全文字段同时包含"催化剂"和"反应率"	所有检索项
+	KY = 铝合金 + 钛合金	关键词字段包含"铝合金"或"钛合金"	TI、AB、FT

运算符	例子	检索含义	使用检索项
—	KY = 大数据 — 人工智能	关键词字段包含"大数据"不包含"人工智能"	
#	FT='人工智能#推荐算法'	全文字段包含"人工智能"和"推荐算法",且在同一句中	
%	FT='人工智能%推荐算法'	全文字段包含"人工智能"和"推荐算法",且在同一句中,且"人工智能"在"推荐算法"前面	
/NEAR N	FT ='人工智能/NEAR 10 推荐算法'	表示检索全文某个句子中同时出现"人工智能"和"推荐算法",且两个词间隔不超过10个字词	
/PREV N	FT ='人工智能/PREV 10 推荐算法'	表示检索全文某个句子中同时出现"人工智能"和"推荐算法"的文献,"人工智能"出现在"推荐算法"前,且间隔不超过10个字词	
/AFT N	FT ='人工智能/AFT 10 推荐算法'	表示检索全文中某个句子同时包含"人工智能"和"推荐算法"的文献,"人工智能"出现在"推荐算法"后,且间隔不超过10个字词	
$ N	FT ='大数据 $5'	表示检索在全文中"大数据"出现至少5次的文献	TI、AB、FT
/SEN N	FT ='转基因 /SEN 1 水稻'	表示检索全文中某个段落同时包含"转基因"和"水稻"的文献,且检索词所在句子间隔不超过1句	
/PRG N	FT ='出版 /PRG 5 法规'	表示检索全文中包含"出版"和"法规",且这两个词所在段落间隔不超过5段	

6. CNKI其他检索方法

（1）句子检索：适用于片段信息检索。通过输入的两个检索词，查找同时包含这两个词的句子，找到有关事实的问题答案。

检索实例6：信息素养的定义。

选择字段：同一句。

检索词：信息素养 定义。

（2）知识元检索：适用于基本事实和数据的检索，可以检索获取有关知识问答、百科知识、词典、手册、工具书、图片、统计数据、指数、概念、方法等事实和数据结果。

检索实例7：有关"新冠肺炎"基本常识。

检索词：新冠肺炎。

选择来源：知识问答。

（3）引文检索：适用于了解学术工作者或者某机构或某篇论文或者某期刊的学术影响力。

检索实例8：了解钟南山院士学术成果影响力。

检索字段：被引作者。

检索词：钟南山。

（4）作者发文检索：适用于统计某一科研工作者发文信息。通过作者姓名、单位等信息，查找作者发表的文献及被引和下载情况。

检索实例9：屠呦呦发表的论文被中国知网收录情况。

检索字段：作者。

检索词：屠呦呦。

7．检索结果的处理

以检索实例1为例，来举例说明检索结果的处理。

1）资源类型选择

在检索结果界面，同样可以进行文献类型的选择，如图4-12中的框2所示，总的检索结果为456条记录，如果只需要期刊文献，则点击期刊，就只有342条记录。

2）检索文献语言选择

在检索结果界面（图4-12中的框1处）可以对检索结果的语言进行选择，如在选择的342条期刊记录中，选择"中文"，检索结果就只有271条记录。

3）学科大类选择

在检索结果界面（图4-12的框3处）可以对检索结果进行学科大类（科技、社科）选择。

4）多角度多方面的统计筛选

在检索结果界面（图4-12的框4处）可对检索结果从主题、次要主题、发表年度、文献来源、学科、作者、机构、基金、文献类型等不同方面进行快速选择、统计以及获取可视化统计图。

5）浏览结果界面切换

在检索结果界面（图4-12的框6处）可对检索结果按"详情""列表"显示检索结果，

6）检索结果排序

在检索结果界面（图4-12的框6处）还可按"相关度""发表时间""被引"次数和"下载"次数排序检索结果。

7）检索结果的导出与分析

在检索结果界面（图4-12的框5处）可以对检索结果进行批量下载，也可以对选择的某一条、某几条或者全部检索结果进行导出与可视化分析。

文献导出根据需要进行导出格式的选择，如图4-15所示，导出引文的相关信息，也有多种选择（复制到剪贴板、电子表格Excel文档、Word文档等）。

图4-15　中国知网检索实例1文献导出实例界面

8）获取全文

如果需要获取全文，可以全部选择进行批量下载全文，也可选择某一篇或者某几篇文献下载全文。

如需要其中某一篇，点击文章篇名，打开节点界面，如图4-16所示。在节点界面，可以看到文献的目录，题名、摘要、关键词、作者、工作单位等信息。

还可以根据需要选择"手机阅读""HTML阅读""CAJ下载""PDF下载"等不同的方式阅读或下载阅读。其中，"CAJ下载"是中国知网指定的专用阅读软件，需要读者下载安装CAJViewer浏览器。

图4-16　中国知网检索实例1文献节点界面

9）有关引文文献概念

在节点界面，读者可以根据"核心文献推荐"和"引文网络"获取更多相关、相似文献。

参考文献：反映本文研究工作的背景和依据。

二级参考文献：本文的参考文献的参考文献。进一步反映本文研究工作的背景和依据。

引证文献：引用本文的文献，是本文研究工作的继续、应用、发展或评价。

二级引证文献：本文的引证文献的引证文献，进一步反映本文研究工作的继续、应用、发展或评价。

同被引文献：与本文同时被作为参考文献引用的文献，与本文共同作为进一步研究的基础。

共引文献：也称同引文献，与本文有相同参考文献的文献，与本文有共同研究内容。共引文献数量越多，文献间的相关性越大。

相似文献：内容相似的文献。

4.4.4 主要外文数据介绍

4.4.4.1 外文数据库概况

根据是否直接提供论文的全文，外文数据库可分为文摘数据库和全文数据库。

1. 文摘数据库

文摘数据库提供论文的题名、关键词、摘要、作者、作者单位等信息，但不直接提供论文的全文。比较著名的外文文摘数据库有如下几种。

（1）多学科：Web of Science，Scopue……

（2）理工科：EI（Engineering Index，工程索引），INSPEC（前身为Science Abstract or SA科学文摘，International Information Service in Physics，Electro-technology，Computer Control物理学、电子技术、计算机及控制技术情报服务处），MathsciNet（数学评论），CA（Chemical Abstracs，化学文摘），BP（BIOSIS Previews，生物学信息数据库），……

（3）文科：ERIC（教育资源信息数据库）、PsysInfo（心理学文摘数据库）、Econlit（经济学文献数据库）、Socifile（社会学文献数据库）……

这些文摘数据库收录来自不同出版机构文献信息，且提供多种检索途径，可以为读者高效地找到相关课题所需论文。

2. 全文数据库

比较著名的外文全文数据库分为下面三种类型。

（1）专业学会的全文数据库。

美国数学学会数据库AMS、美国物理学会数据库APS Journals、美国土木工程师学会ASCE、美国机械工程师学会数据库ASME等。这类数据库的特点：收录的期刊通常是该专业领域学术质量较高的期刊；期刊数量有多有少；期刊更新快；期刊的投稿指引在期刊页面明显位置；除了收录期刊，有些学会还收录学会组织召开的会议文献、标准、图书等。

（2）出版商的数据库。

Elsevier ScienceDirect、Springer Link、Wiley Online Library等。这类数据库的特点：检索功能较为完善；与学会数据库相比，期刊和会议的量多，覆盖多个学科；更新快。

（3）集成商的数据库。

EBSCO、ProQust……这类数据库的特点：整合多家出版商的期刊，数量多，覆盖多个学科；收录的期刊不稳定，部分论文更新滞后。

4.4.4.2 常见的英文期刊全文数据库

常见英文期刊全文数据库见表4-8。

表4-8 常见英文期刊全文数据库一览表

数据库名称	年代	内容介绍
ACS Publications	1879—	美国化学学会出版的40种期刊，内容涉及生化研究、药物化学、有机化学、普通化学、环境科学、材料学、植物学、毒物学、食品科学、物理化学、环境工程学、工程化学、应用化学、分子生物化学、分析化学、无机与原子能化学、资料系统计算机科学、学科应用、科学训练、燃料与能源、药理与制药学、微生物应用生物科技、聚合物、农业学
AMS Journals	1995—	美国数学学会出版的期刊
APS Journals	1893—	美国物理学会出版的8种期刊
ASCE	1995—	美国土木工程师学会出版的30种期刊，以及会议录、图书专论、委员会报告、手册和标准等
ASME	2000—	美国机械工程师学会出版的19种期刊和Applied Mechanics Reviews（应用力学评论）
SLAM Journals	1952—	美国工业与应用数学会出版的13种期刊，内容涉及应用与计算数学
SPIE Digital Library	1998—	美国光学工程学会的会议录及期刊
IEL	1988—	美国电气电子工程师学会和英国工程技术学会出版的280种期刊、7151种会议录、1590种标准全文
OSA Publications	1917—	美国光学学会出版的14种期刊和会议录
Science Online	1995—	美国科学促进会出版的Science周刊，内容为科学新闻、研究论文、一般性论文、具有影响力的科学研究报告以及书评等
Cambridge Journals	2000—	英国剑桥大学出版社出版的220种期刊，内容涉及数学、物理学、政治学、经济学、法学、生物医学、心理学。凡订购了该出版社印刷版期刊用户，可免费访问相应的期刊电子全文
Chicago Journals	1995—	芝加哥大学出版社出版的53种期刊，内容涉及天文学、教育、人文、法律、生命科学、医学、社会科学领域。凡订购了该出版社印刷版期刊用户，可免费访问相应的期刊电子全文

数据库名称	年 代	内容介绍
EBSCO	1960—	由EBSCO公司提供。其中，学术期刊数据库（Academic Search Premier）有近4 700种出版物全文，包含3 600多种同行评审期刊。内容涵盖社会科学、人文、教育、计算机科学、工程、物理、化学、艺术、医学等。商业资源数据库（Business Source Premier）有9 000种出版物，其中包含同行评审期刊1 100多种。内容覆盖营销、经济管理、金融、会计、经济学、劳动人事、银行以及国际商务等
Emeraldinsight	1994—	Emeraldinsight检索平台提供：① Emerald Management Xtra《Emerald管理学全集》，包含了160种期刊；② Emerald Engineering Library《Emerald工程图书馆》（文摘数据库）。另外，还有ManagementFirst、Emerald Conferences等栏目。内容涉及会计金融和法律、经济和社会政策、健康护理管理、工业管理、企业创新、国际商务、管理科学研究、人力管理、质量管理、市场学、营运与后勤管理、组织发展与变化管理、财产与不动产、策略和通用管理、培训与发展、教育管理、图书馆管理与研究、信息和知识管理、先进自动化、电子制造和包装、材料科学与工程等
Elsevier ScienceDircet	1995—	Elsevier出版集团所属的2 200多种同行评议期刊和2 000多种系列丛书、手册及参考书等，内容分为物理学与工程、生命科学、健康科学、社会科学与人文科学四大类
LexisNexis	1790—	由Reed Elsevier集团下属的LexisNexis公司提供。内容涉及法律研究、新闻报纸、杂志、学术期刊以及商情信息
First Search-Wilson Select Plus	1994—	由OCLC提供，包含2 393种期刊全文，内容涵盖科学、人文、教育和工商等方面
JSTOR	从创刊—2003	JSTOR是一个过刊库，是以人文即社会科学方面的期刊为主，收集从创刊号到2003年的过刊700多种
Kluwer Online	1994—	Kluwer Academic Publisher出版的800种电子期刊
Nature网站	1997—	提供Nature周刊即Nature出版集团出版的8种期刊、6种评论月刊以及3种重要的物理与医学方面的参考工具书
ProQuest Science Journals	1994—	由ProQuest Information and Learning公司提供。包含原Applied Science and Technology Plus数据库的全部期刊，内容涉及计算机、工程、物理、通信、运输等领域。收录学术期刊622种，部分有全文

数据库名称	年代	内容介绍
Muse Scholary Journals Online	1995—	由Johns Hopkins大学出版社和Milton S.Eisenhower图书馆提供。目前，提供73个出版社的350余种期刊的全文访问，每年有新刊增加。收录期刊的重点为文学、历史、地域研究、政治和政策研究
Royal Society Journals	创刊—	英国皇家学会出版的7种期刊。内容涉及生物、物理、一般学科、科学史等领域。可以访问期刊从创刊年以来的所有文章
RSC Publications	1997—	英国皇家化学学会出版的20多种电子期刊
SAGE Premier	1999—	由SAGE出版公司提供，包含452种期刊全文。内容涉及传播媒体、教育、心理与咨询、社会学、犯罪学、城市研究与规划、政治和国际关系、商业管理和组织学、观光旅游学、青少年及老年研究、方法学、考古人类学、语言学、视频科学、信息科学、数学与统计学、化学和材料科学、工程、环境科学、生命科学、护理学、健康科学与临床医学等
Taylor & Francis Online Journals	1997—	Taylor & Francis Group出版的期刊全文数据库，内容涉及数学、物理学、化学、生命科学、材料科学、工程技术、计算机科学、经济管理、法律、人文艺术、社会科学等领域。凡订购了Taylor & Francis Group印刷版期刊的用户，可以免费访问相应的电子期刊全文
Wiley InterScience	1997—	John Wiley & Sons Inc.出版482种期刊全文。内容涉及商业、化学、计算机、地球环境科学、工程、法律、生命科学、数学与统计、医学、物理与天文学、聚合物与材料科学、教育学、心理学、社会科学等。
WorldSciNet	2000—	由新加坡世界科学出版社提供，有84种全文电子期刊，涵盖数学、物理、化学、生物、医学、材料、环境、计算机、工程、经济、社会科学等领域

4.4.5　外文文摘数据库检索操作举例——Web of Science[①]（WoS）

4.4.5.1　引文索引简介

1. 引文索引原理

引文索引原理是利用文献的引用与被引用关系建立起来的一种新型索引。其编制原理是将引文本身作为检索词，标引所有引用过某一引文的文献。检索时，从被引用文献去检索引用过该文献的其他文献。能够理顺文献之间的"引文网"，揭示文献之间的引证关系。通过引文索引可以揭示一些重要的科学发现之间的内在联系，预测科学技术的发展方向，可以评估学术论文的影响力，评估研究人员的学术水平，也可以评估机构、地区或者国家

---

① https://clarivate.com/zh-hans/solutions/web-of-science/

的科研实力。

2. 引文索引发展简史

1873年，美国出版了供律师查阅法律判例的检索工具《谢泼德引文》。20世纪50年代，美国加菲尔德（E.Garfield）从中受到启发，研制出用计算机辅助编制的引文索引，他主办的费城科学情报研究所（ISI）先后创办了《科学引文索引》（SCI，1963年创刊）、《社会科学引文索引》（SSCI，1973年创刊）和《艺术与人文科学引文索引》（AHCI，1978年创刊）3种引文索引刊物，并建立了引文索引数据库。在加菲尔德的引文索引影响下，美国普林斯顿大学、苏联阿塞拜疆科技情报所等也编制了引文索引，停刊多年的《谢泼德引文》也更名重新出版。此后加菲尔德和美国科学史专家 D.J.de S.普赖斯又在引文索引的基础上研制出引文分析技术。

4.4.5.2 Web of Science数据库简介

Web of sScience（又称Web of Knowledge）是Clarivate Analytics（科睿唯安，原汤森路透——知识产权与科技）开发的信息服务平台，支持自然科学、艺术与人文学科的文献检索，数据来源于期刊、图书、专利、会议录、网络资源（包括免费开放资源）等。WoS是大型综合性、多学科、核心期刊引文索引数据库。WoS数据可以一直回溯到1900年。这一丰富的综合性信息来自于全球26 000多份权威的、高影响力的学术期刊和超过224 000种会议录。

WoS核心合集包括三大期刊引文索引数据库，两大国际会议录引文索引，图书引文索引，两大化学信息数据库以及引文索引数据库等。

WoS三大期刊引文索引数据库是指科学引文索引（Science Citation Index，SCI）1900年—现在；社会科学引文索引（Social Sciences Citation Index，SSCI）1900年—现在；艺术与人文科学引文索引（Arts & Humanities Citation Index，A&HCI）1975年—现在。

WoS两大国际会议录引文索引是指科技会议文献引文索引（Conference Proceedings Citation Index Science，CPCI）；社会科学以及人文科学会议文献引文索引（Conference Proceedings Citation Index Social Sciences & Humanities，CPCI-SSH）。

WoS的图书引文索引（Book Citation Index，BkCI）。

WoS的两大化学信息数据库是指化学索引（Index Chemicus，IC）；检索新化学反应（Current Chemical Reactions，CCR）。

WoS的引文索引数据库（Emerging Sources Citation Index，ESCI）。

4.4.5.3 WoS检索功能

通过Web of Knowledge检索平台点击链接"Web of Science"，可进入引文索引数据库首页（见图4-17）。用户可以选择检索方式、检索数据库及数据年代。除了能检索到WoS核心合集外，还能检索到BIOSIS Previews，Chinese Science Citation Database（中国科学引文数据库），Data Citation Index，Derwent Innovations Index，Inspec，KCI-Korean Journal Database，MEDLINE，Russian Science Citation Index，SciELO Citation Index。系统默认同

时在这些数据库中检索。用户也可选择其中的某个子库检索。在WoS中的数据年代指文献收录时间，而不是文献的发表时间。

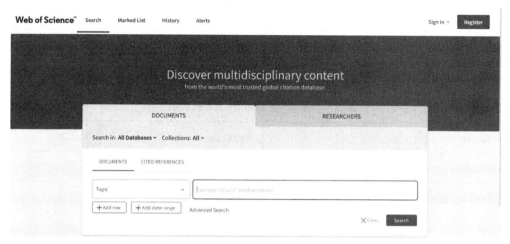

图4-17　WoS数据库首页

1. 引文索引收录文献类型

WoS引文索引库主要收录的文献是期刊，也有少量的专著或者书评等；在期刊文献中，最高级的是Review（综述），级别最低的是Correction（修订类），详细内容见表4-9。

表4-9　WoS文献类型

名　　称	说　　明	名　　称	说　　明
All document types	所有文献类型	Hardware Review	硬件评论
Article	论文	Item About an Individual	个人项目
Abstract of Published Item	出版项目的摘要	Letter	书信
Art Exhibit Review	艺术展览评论	Meeting Abstract	会议摘要
Bibliography	书目	Meeting Summary	会议概要
Biographical-Item	书目项目	Music Performance Review	音乐表演评论
Book	书籍	Music Score	音乐乐谱
Book Chapter	书籍章节	Music Score Review	音乐乐谱的评论
Book Review	书籍评论	News Item	新闻
Chronology	年表	Note	注释
Correction	修订	Poetry	诗歌

名　称	说　明	名　称	说　明
Correction，Addition	修订、增加	Proceedings Paper	会议录论文
Dance Performance Review	舞蹈表演评论	Record Review	录制内容评论
Data Paper	数据论文	Reprint	再版
Database Review	数据库评论	Retracted Publication	被撤回的出版物
Discussion	讨论	Retraction	撤稿声明
Early Access	提早访问	Review	评论
Editorial Material	社论材料	Script	剧本
Excerpt	摘录	Software Review	软件评论
Fiction，Creative Prose	小说、创意散文	TV Review，Radio Review	电视评论、广播评论
Film Review	电影评论	Theater Review	戏剧评论

2．检索方式

WoS提供普通检索、引文检索和高级检索。

普通检索在WoS首页（见图4-17）。系统提供一个输入框，若检索的过程中，需要输入更多的检索条件，点击"Add row"添加，通过下拉菜单选择检索字段。

3．论文检索

论文检索支持关键词、作者、标题、DOI等多种方式的检索，集成了年份、数据库、作者名字、地址、文献类型、研究领域、出版物名称、研究方向等细分方式；可以检索引用了个人著作的参考文献；与文献管理软件Endnote无缝对接，可以创建自己的私人文献库，方便论文管理。

4．领域发展趋势与科研动态追踪

通过对检索结果进行分析，利用引文报告功能可以查看每年该领域发文数目等信息，判断领域的发展趋势。同时，也可以很方便地知道该领域最具影响力的论文（包括领域中的高被引论文以及热点论文等），主要研究机构，领域内的知名研究人员等。通过创建检索历史跟踪服务（Email定题服务）可以很方便地知道所检索内容的最新进展，也可以追踪某一期刊的最新论文等。

5．收录与引用查询

可以很方便地知道论文是否被SCI收录，论文自引、他引次数等信息。论文的收录引用情况在申请基金，申报职称时都必不可少。

6. 期刊学术水平的影响评价

Clarivate Analytics（Thomson Scientific）每年都会推出Journal of Citation Reports（JCR），发布各期刊新一年的影响因子。

一种刊物的影响因子越高，其刊载的文献被引用率越高，一方面说明这些文献报道的研究成果影响力大，另一方面也反映该刊物的学术水平高。因此，JCR以其大量的期刊统计数据及计算的影响因子等指数，而成为一种期刊评价工具。

4.4.6 外文全文数据库检索操作举例——Elsevier的ScienceDirect

4.4.6.1 数据库概况

ScienceDirect（SD）由数据库出版公司Reed Elsevier（里德·爱思唯尔）提供。Elsevier1580年于荷兰创立，现总部在荷兰，是一家具有全球影响力的出版商和信息供应商。ScienceDirect是它的网络全文期刊数据库平台系统。

SD数据库收录了3 900余种科技期刊，大约有140万余篇开放获取论文，最早可以回溯到1823年，内容覆盖24个学科领域，可供读者在线阅读或下载阅读。除了期刊外，ScienceDirect还收录了2 000多种图书，包括丛书、手册、参考工具书以及单行本电子图书。

Elsevier公司出版的期刊、图书是业界公认的高质量学术出版物，其出版的期刊大多数为同行评审的核心期刊，被许多著名的二次文献数据库收录（约1400种期刊被SCI收录），全球超过1 100万科研人员在阅读，是中国用量最大的外文全文数据库。

SD数据库覆盖学科领域有物理学与工程（Physical Sciences and Engineering）、生命科学（Life Sciences）、健康科学（Health Sciences）、社会科学与人文科学（Social Sciences and Humanities）四大类。

4.4.6.2 SD数据库登录

SD数据库的个人用户访问网址为www.sciencedirect.com，需注册使用。单位订购的集团用户（如高校），可直接从所在高校图书馆网页的数据库链接登录使用。

4.4.6.3 SD数据库检索

1. 按学科主题浏览检索

SD数据库分四个大类，每个大类下面又分为几大主题，如物理学与工程类下面分为Chemical Engineering、Computer Science、Chemistry、Earth and Planetary Sciences、Energy、Engineering、Materials Science、Mathematics、Physics and Astronomy、Chemical Engineering。每个主题下面又分为副主题，如Chemical Engineering又分为Bioengineering、Catalysis、Chemical Engineering（General）、Chemical Health and Safety、Colloid and Surface Chemistry、Filtration and Separation、Fluid Flow and Transfer Processes、Process Chemistry and Technology。根据需要，点击相应的大类、主题、副主题，还可以根据图4-18所示的界面，对出版物类型（Publication Type）、期刊状态（Journals Status）、存取类

型（Access Type）进行精炼选择。

图4-18　SD数据库学科浏览检索精炼筛选示例界面

2. 初级检索

在数据库的框式检索界面，可以用关键词、作者、题名、卷期等字段进行检索。

3. 高级检索

在框式检索界面，点击"advanced search"，进入SD数据库高级检索界面，如图4-19所示。该界面检索字段默认的是逻辑与算符。该外文数据不支持"*"截词算符，但支持"？"截词算符。两个以上的检索词可用双引用""限定前后关系且中间不允许插入其他单词。

图4-19　SD数据库高级检索界面

该全文数据库支持PDF阅读器，可在线阅读也可下载全文。

4.4.7 查找高水平期刊论文

学习了中外文期刊论文检索后，下面将讲述如何获取高质量的学术期刊全文。

4.4.7.1 查找高倍引用论文

引频次是引文分析用于科技评价中最具代表性的科学计量指标，广泛用于论文评价、期刊评价、科学家评价、机构评价甚至国家层面的评价，通常被看作学术影响力或研究质量的重要标志。所以可以根据数据库提供的论文引用次数（见图4-12）排序来筛选所需要的学术期刊论文。

4.4.7.2 查找核心期刊论文

出版发行学术期刊很多（《乌利希国际期刊指南》收录的全球学术期刊有15万余种），但核心期刊不太多，故通过查找核心期刊，也是获取高质量学术期刊论文的一种途径。

核心期刊：原指刊登于某一学科或专业有关的论文较多的那些期刊，现指引用计量学的方法筛选出来的高质量期刊，是进行刊物评价而非具体学术评价的工具。

遴选中文学术核心期刊常用的七大体系：

（1）《中文核心期刊要目总览》[①]，由北京大学图书馆及北京十几所高校图书馆众多期刊工作者及相关单位专家参加的中文核心期刊评价研究项目成果，已经出版了1992、1996、2000、2004、2008、2011、2014、2017、2020年版共9版，主要是为图书情报部门对中文学术期刊的评估与订购、为读者导读提供参考依据。2008年之前，每4年更新研究和编制出版一次；2008年之后，改为每3年更新研究和编制出版一次，每版都会根据当时的实际情况在研制方法上不断调整和完善，以求研究成果能更科学合理地反映客观实际。

（2）《中国科技期刊引证报告》，由中国科学院技术信息研究所编辑，每年更新，将学科分为153个类目，《中国科技期刊引证报告》分为核心版及扩刊版，其核心版选用的是中国科技论文统计源期刊（又称"中国科技核心期刊"）。

（3）CSSCI期刊，由南京大学提供。

（4）中国人文社会科学核心期刊，由中国社会科学院文献信息中心提供。

（5）中国人文社会科学报核心期刊，由中国人文社会科学学报学会提供。

（6）中国科学引文数据库（CSCD）来源期刊，由中国科学院文献情报中心提供。

（7）中国核心期刊遴选数据库，万方数据公司提供。

如果要系统地查阅国外的期刊信息，翻阅工具书《国外科技期刊手册》《国外科技核心期刊总览》等，也可访问科睿唯安（Clarivate Analytics，原知识产权与科技事业部）汤森路透主期刊列表[②]查询，获取*Web of Science*核心合集中的科学引文SCI、SSCI、A & HCI的相

---

① http://hxqk.lib.pku.edu.cn/

② http://Clarivate.com/zh-hans/solutions/master-joarnal-list/

关期刊信息；访问Elsevier官网①查询，获得EI的最新来源期刊。

4.4.7.3 查找数据库刊源

数据库刊源是指被国内外有名的有一定学术影响力的数据库收录的中文学术期刊。

国内有一定学术影响力的数据库有中国科学引文数据库CSCD、中文社会科学引文索引数据库CSSCI。国外有一定学术影响力的数据库有CA、SA、EI、SCI等。

1. CSCD

中国科学引文数据库（Chinese Science Citation Database，CSCD）。创建于1989年，收录我国数学、物理、化学、天文学、地学、生物学、农林科学、医药卫生、工程技术和环境科学等领域出版的中英文科技核心期刊和优秀期刊千余种。从1989年到现在的论文记录有481余万条，引文记录6 085余万条。

中国科学引文数据库除具备一般的检索功能外，还提供新型的索引关系——引文索引。使用该功能，用户可迅速从数百万条引文中查询到某篇科技文献被引用的详细情况，还可以从一篇早期的重要文献或著者姓名入手，检索到一批近期发表的相关文献，这对交叉学科和新兴学科的发展研究具有十分重要的参考价值。中国科学引文数据库还提供了数据链接机制，支持用户获取全文。

中国科学引文数据库具有建库历史悠久、专业性强、数据准确规范、检索方式多样、完整、方便等特点，从提供使用以来，深受用户好评，被誉为"中国的SCI"。

2. CSSCI

中文社会科学引文索引（Chinese Social Science Citation Index，CSSCI）用来检索中文社会科学领域的论文收录和文献被引用情况。

中文社会科学引文索引由南京大学中国社会科学研究评价中心开发研制而成，是国家、教育部重点课题攻关项目。CSSCI遵循文献计量学规律，采取定量与定性评价相结合的方法从全国2 700余种中文人文社会科学学术性期刊中精选出学术性强、编辑规范的期刊作为来源期刊。目前收录包括法学、管理学、经济学、历史学、政治学等在内的25大类的500多种学术期刊。

3. CA

《化学文摘》（Chemical Abstracts，CA）由美国化学文摘社（Chemical Abstracts Service，CAS）编辑出版，创刊于1907年，是世界最大的化学文摘库，也是目前世界上应用最广泛，最为重要的化学、化工及相关学科的检索工具。CA报道的内容几乎涉及化学家感兴趣的所有领域，除了无机化学、有机化学、分析化学、物理化学、高分子化学外，还包括冶金学、地球化学、药物学、毒物学、环境化学、生物学以及物理学等诸多学科领域。CA的特点是收藏信息量大、收录范围广。

4. SA

《科学文摘》（Science Abstracts，SA）是英国电气工程师学会（IEE）出版的检索性情

---

① https://www.elsevier.com/solutions/engineering-village/content/

报期刊，1898年创刊，供查阅有关物理、电工、电子学、计算机和控制方面的学科文献。该刊主要报道由英国电气工程师学会的情报服务处搜集的文献，其来源包括世界各国出版的各种文字的期刊、科技报告、会议资料、专利和图书等，取材较为广泛。

5．SCI

科学引文索引（Science Citation Index，SCI），是由美国科学信息研究所（Institute for Scientific Information，ISI）的尤金·加菲尔德（Eugene Garfield）于1957年在美国费城创办的引文数据库。

科学引文索引是当今世界上最著名的检索性刊物之一，也是文献计量学和科学计量学的重要工具。通过引文检索功能可查找相关研究课题早期、当时和最近的学术文献，同时获取论文摘要；可以看到所引用参考文献的记录、被引用情况及相关文献的记录。

60多年来，SCI数据库不断发展，已经成为当代世界最为重要的大型数据库，被列在国际六大著名检索系统之首。它不仅是一部重要的检索工具书，而且也是科学研究成果评价的一项重要依据，已成为目前国际上最具权威性的、用于基础研究和应用基础研究成果的重要评价体系。它是评价一个国家、一个科学研究机构、一所高等学校、一本期刊，乃至一个研究人员学术水平的重要指标之一。

SCI所收录期刊的内容主要涉及数、理、化、农、林、医、生物等基础科学研究领域，选用刊物来源于40多个国家，50多种文字，3 500多种期刊。其中，主要的国家有美国、英国、荷兰、德国、俄罗斯、法国、日本、加拿大等，也收录部分中国（包括港澳台）刊物。

6．EI

《工程索引》（The Engineering Index，EI）是供查阅工程技术领域文献的综合性情报检索刊物，1884年创刊，由美国工程信息公司编辑出版。每年摘录世界工程技术期刊约3500余种，还有会议文献、图书、技术报告和学位论文等，报道文摘约16万余条，内容包括全部工程学科和工程活动领域的研究成果。出版形式有印刷本、缩微胶卷、计算机磁带和CD-ROM光盘。文摘按标题词字顺编排，年刊配有著者、著者工作机构和主题等3种索引，以及引用出版物目录和会议目录；月刊只配有著者和主题这2种索引。另外，单独出版《工程标题词表》《工程出版物目录》和多种专题文摘。EI的主要特点是摘录质量较高，文摘直接按字顺排列，索引简便实用。

EI在全球的学术界、工程界、信息界中享有盛誉，是科技界共同认可的重要检索工具。

7．JST

日本科学技术振兴机构数据库（JST，原日本科学技术社数据库）是在日本《科学技术文献速报》（CBST，被誉为世界六大著名检索期刊）的基础上发展起来的网络版，由日本科学技术振兴机构（Japan Science&Technology Corportion，JSTC）出版。

8．Рж（AJ）

俄罗斯《文摘杂志》是由全俄科学技术情报所编辑出版的一套完整的综合性检索刊物，它收录约130个国家和地区66种文字出版的2.2万种期刊和6千多种连续出版物，每年还收录1万多种图书，15万件专利及科技报告，会议文献，各种标准，收录内容遍及自然科学，应用科学。

4.5 学术会议文献检索

4.5.1 学术会议文献概述

随着科学技术的快速发展，各个国家、各个学科（专业）的协会、学会、研究机构和国际学术组织越来越多，这些组织都会定期或者不定期举办学术会议，从而形成信息交流中一种特别的信息源——会议文献。

学术会议文献是了解各国科技水平动态、跟踪和预测科技发展趋势、进行信息分析和信息研究的重要参考资料，是传递科技信息、交流科技成果与经验的重要科技信息源之一。因此它论点新颖，能反映某学科或专业国内外最新水平和发展方向；专业针对性、学术性强，主题明确；更新快，会议文献（论文）发表通常比期刊论文快；连续性，大多数重要的学术会议是连续性的，因此会议文献也呈连续性。以上特点决定了会议文献好用不好找的特点。

检索学术会议文献，除了常用检索入口，它有自己特有的检索字段：会议名称、主办单位、会议举办地址、论文集名称等。

学术会议文献检索一般分为四种：查找会议论文的摘要、题录信息；查找某本会议录；查找单篇会议论文；查找相关的会议日程信息。

4.5.2 学术会议文献的获取

学术会议文献获取渠道有图书馆印本馆藏、网络数据库检索、网络免费检索、申请文献传递，或者向相关学会、会议主办方或作者直接索取。但一般还是主要集成在一些综合检索平台和学会检索平台上，详见表4-10。

表4-10　学术会议文献检索常用的检索平台

数据库或学会名称	数据库或学会平台介绍
CPCI（以前的ISTP）	Web of Science平台提供《科技会议录索引》（简称ISTP）。原科学技术会议录索引ISTP，提供1990年以来以专著、丛书、预印本、期刊、报告等形式出版的国际会议论文摘及参考文献索引信息，涉及自然科学和工程技术的所有领域。自2008年10月20日起，在全新升级的Web of Science中，ISTP更名为CPCI。由此，CPCI成为Web of Science大家庭中的新成员，与SCIE、SSCI、A＆HCI共同形成了一道独特的"引文索引"风景线
IEEE/IEE学会	美国电气电子工程师学会和英国工程技术学会出版的280种期刊、7 151种会议录、1 590种标准全文
ACM学会	美国计算机学会的出版物，期刊6种，杂志10种，汇刊29种，会议录200多种
AIP学会	美国物理联合会，通过Scitation偏态提供服务

数据库或学会名称	数据库或学会平台介绍
万方数据库	中国学术会议文献数据库（China Conference Proceedings Database），会议资源包括中文会议和外文会议，中文会议收录始于1982年，年收集约3 000个重要学术会议，年增20万篇论文，每月更新。外文会议主要来源于NSTL外文文献数据库，收录了1985年以来世界各主要学协会、出版机构出版的学术会议论文共计766万篇全文（部分文献有少量回溯），每年增加论文约20余万篇，每月更新
中国知网	会议论文库，重点收录1999年以来，中国科协系统及国家二级以上的学会、协会，高校，科研院所，政府机关举办的重要会议以及在国内召开的国际会议上发表的文献，部分重点会议文献回溯至1953年。目前，已收录国内会议、国际会议论文集4万本，累计文献总量340余万篇

4.5.3 查找即将召开的会议信息

1. 中国学术会议信息

中国学术会议在线[①]是经教育部批准，由教育部科技发展中心主办，面向广大科技人员的科学研究与学术交流信息服务平台。利用现代信息技术手段，将分阶段实施学术会议网上预报及在线服务、学术会议交互式直播/多路广播和会议资料点播三大功能。为用户提供学术会议信息预报、会议分类搜索、会议在线报名、会议论文征集、会议资料发布、会议视频点播、会议同步直播等服务。用户也可以注册登录定制关注的专业或学科方面的会议信息。

与此相似的还有中国知网主办的中国学术会议网，专为会议主办方、作者、参会者设计并开发的网络化学术会议服务平台。可为中国知网个人注册用户提供会议信息推送，获得其所关注会议发布的最新通知、公告信息以及审稿录用等情况。

另外，还可以通过某些学会或者协会平台获知即将召开的会议信息，如中国腐蚀与防护学会[②]（Chinese Society for Corrosion and Protection，CSCP）；中国机械工程学会[③]（Chinese Mechanical Engineering Society，CMES）等。

2. 国外学术会议信息

登录国外相关专业协会或学会的网站，或者利用提供各种会议信息的目录型网站，获得最新会议信息，如国际生物科学联合会[④]（International Union of Biological Sciences，IUBS）；美国电气和电子工程师协会会议[⑤]（Institute of Electrical and Electronics Engineers，

---

① http://www.meeting.edu.cn/zh

② http://www.cscp.org.cn/

③ https://www.cmes.org/

④ http://www.iubs.org/

⑤ https://www.ieee.org/

Inc，IEEE）；美国核协会[①]（American Nuclear Society，ANS）；国际天文学联合会[②]（International Astronomical Union，IAU）等。

4.5.4 高质量的学术会议文献获取

学术会议文献按照交流的地域范围分为地方会议、全国性会议、国际性会议。按照国际会议水平和影响程度，国际会议分为① 顶尖级会议，被广泛公认的本学科领域最高水平的国际会议。② A类会议，本学科领域学术水平高，影响力大的国际会议。③ B类会议，学术水平较高，按一定时间间隔规范化，系列性召开的国际会议。

因此，可以根据会议文献的水平和影响程度获取高质量学术会议文献。

4.5.5 学术会议文献检索实例

检索实例：2019年以来召开的有关新冠肺炎的国际性文献。

提取检索词：新冠肺炎。

检索字段：主题。

选择数据库：中国知网会议数据库。

限定条件：时间范围，"2019年至今"；会议级别："国际"。

检索结果：18条记录。

检索时间：2021年7月29日。

4.6 学位论文检索

4.6.1 学位论文概述

学位论文的体系结构一般比较固定，在写学位论文之前，可检索同类论文作为参考。

学位论文的检索特点，除了前面讲的一般文献的检索字段之外，还有学位授予单位、导师、学科专业名称、限制条件的学位级别——博士/硕士。学位论文一般依存于各个综合检索平台，如中国知网、万方数据；单个数据库除了每个学校自建学位论文数据库外，就只有ProQuest学位论文全文数据库。

4.6.2 学位论文的获取

（1）ProQuest Dissertations & Theses：A & I（PQDT），收录欧美1000余所大学270余万篇学位论文，是目前世界上最大和最广泛的学位论文文摘索引库，需订购付费。一般读者可通过国家图书馆注册登录后使用。

（2）中国知网学位论文全文数据库。该数据库依存于中国知网，包括《中国博士学位

---

① https://www.ans.org/

② https://www.iau.org/

论文全文数据库》和《中国优秀硕士学位论文全文数据库》，是目前国内资源完备、质量上乘、连续动态更新的中国博硕士学位论文全文数据库。该库出版500余家博士培养单位的博士学位论文40余万篇，780余家硕士培养单位的硕士学位论文450余万篇，最早回溯至1984年，覆盖基础科学、工程技术、农业、医学、哲学、人文、社会科学等各个领域，可用CAJ阅读器阅读全文。

（3）中国学位论文全文数据库（China Dissertations Database，CDD）。该数据库依存于万方知识服务平台，收录始于1980年，年增30余万篇，涵盖基础科学、理学、工业技术、人文科学、社会科学、医药卫生、农业科学、交通运输、航空航天和环境科学等各学科领域。

（4）CALIS 学位论文中心服务系统面向全国高校师生提供中外文学位论文检索和获取服务。

（5）国图博士论文库是国家图书馆自建的博士学位论文数据库，采用实名注册，用户可以在线使用，但无论在馆内还是馆外都只能在线看 24 页正文（正文以前的页码不计在内），到馆可阅读纸本全文，也可以复印。

（6）国家科技图书文献中心，可查询1984年至今的中文学位论文，收藏我国高等院校、研究生院及研究院所的博硕士论文和博士后报告（有文摘），涉及自然科学各领域，兼顾人文社科。

（7）FirstSearch—WorldCatDissertations，收录OCLC WorldCat中所有的博硕士论文和已出版的以OCLC成员编目的论文为基础的资料，涉及所有学科，主要来自欧美千余所大学，共有博硕士论文800多万篇。从高级检索的"互联网资源"中，可获取近 20%约 100多万篇全文。

（8）各学位授予机构的图书馆，如清华大学图书馆的清华大学学位论文服务系统，四川轻化工大学图书馆的硕士论文库和优秀学士论文库。

（9）北京协和医学院博硕学位论文库，由中国医学科学院医学信息研究所/图书馆开发研制，收录自1981年以来，协和医学院培养的博士、硕士研究生学位论文，涉及医学、药学各专业领域及其他相关专业，可在线浏览全文，每季更新。

（10）台湾新竹"清华大学"博硕士论文全文系统，部分全文，收录始于1962年，必须用繁体字检索，无须登录。

（11）Hong Kong University Theses Online，香港大学学位论文，收录始于1941年，部分全文。

（12）KUST Electronic Theses，香港科技大学学位论文，收录始于2002年，大部分全文。

（13）HKLIS-Dissertations and Theses Collections，（DTC），香港七所大学及澳门大学的博硕士论文。

4.6.3　学位论文检索实例

检索实例：检索有关"青蒿素制备方法研究"的学位论文。

数据库：CNKI中的博硕士学位论文数据库。

检索字段：主题。

检索词：青蒿素 制备 合成。

检索式： SU=(青蒿素)*(制备＋合成)。

检索结果：276条记录。

检索日期：2021年8月12日。

4.7 专利文献检索

据世界知识产权组织（World Intellectual Property Organization，WIPO）报道：在各种专业期刊、杂志、百科全书等有关技术发展的资料中，能够全盘公开技术核心的仅有专利文献。专利说明书中包含了世界上90%～95%的（大多具有商业价值）研究成果，而且其中80%未在其他期刊、杂志中刊登。可以说，专利文献几乎记载了人类取得的每一项新技术成果，是最具权威性的世界技术的百科全书。善于利用专利文献，可缩短60%的研发时间，节省40%的研发经费。因此，文献调研不能忽视专利信息检索。

4.7.1 专利知识

1. 专利

专利是受法律保护的发明创造，它是指一项发明创造向国家审批机关提出专利申请，经依法审查合格后向专利申请人授予的在规定的时间对该项发明享有的专有权。

为了更好地保护知识产权，许多国家都有自己专门的法律。专利制度是为了鼓励发明创造，并改变技术垄断的秘传陋习而建立的，可以说"充分公开"是建立专利制度的一个基本原则，它为各国专利法规所遵循。

2. 专利类型

我国的专利一般分为三种类型：发明专利、实用新型专利和外观设计专利。其各自的要求和特点见表4-11。

表4-11　专利类型及特点

专利类型	保护时间	要　求	特　点
发明专利	20年	对产品、方法及其改进提出的新的技术方案	具有突出的实质性特点和显著进步
实用新型专利	10年	对产品形状、构造及其结合提出的实用方案	具有实质性特点和进步
外观设计专利	10年	对产品形状、图案、色彩或者其结合所做出的富有美感并适合于工业上应用的新设计	具有实质性特点和进步

在美国，可以申请的专利类型有三种：实用专利（包括发明专利）、设计专利、植物专利（果树、花卉、植物等）。

3. 专利族和优先权

专利族（Patent Family）即不同国家授予同一项发明的一组专利（具有不同的专利号）。同一专利族中的每件专利文献均为该专利族成员，即同一专利族中每件专利文献互为同族专利。同一专利族中最早优先权（最先申请）的专利文献称为基本专利。

同族专利的作用：提供有关该项发明的最新技术发展信息，在国际市场的发展状况，法律状态和经济情报（了解专利权人该技术在国际范围内的专利布局），帮助阅读者克服语言障碍。

按照《保护工业产权巴黎公约》规定优先权期限：发明和实用新型的优先权期限为12个月，外观设计的优先权期限为6个月。

4.7.2 专利文献

1. 专利文献的分类法

专利分类法是从分类角度管理和检索专利文献的工具。目前，国际上采用的是《国际专利分类法》（International Patent Classification，IPC），该分类法按照技术主题分类，采用等级结构，把整个技术领域按降序分为五个不同等级，即部、大类、小类、大组和小组。国际专利分类号以"int.CI"为标识符号，"CI"的上角数字表示版次。

第一等级为部（Section），IPC共有8个部，用大写字母A～H表示，在部的下面还有分部（Sub-Section），分部下有类目，没有类号，是"部"的一个简单的划分。每一个部作为一个分册出版，见表4-12。

表4-12 国际专利分类法的部和分部

部号	部	分部
A	人类生活必需品	农业、食品与烟草、个人与家用物品、保健娱乐
B	作业、运输	分离与混合、成型、印刷、交通运输
C	化学、冶金	化学、冶金
D	纺织、造纸	纺织和未列入其他类的柔性原料、造纸
E	固定建筑物	建筑、钻井和采矿
F	机械工程、照明、加热、武器、爆破	发动机与泵、一般工程、照明与加热、武器与爆破
G	物理	仪器、核子
H	电学	不设分部

第二等级为大类（Class），类号由两位数字构成；小类（Subclass）是第三级类目，用一个大写辅音字母表示；第四级是组（Main Group），用1~3个数字或1~3个数字加"/00"组成；第五级是分组（Subgroup），是将主组类号后的"00"用至少一个不为"0"表示。"/00"用作分组的提纲挈领式说明。实际上，分组之间也有级别，分类表中在分组类目后加"·"数来区分。专利分类等级例子见表4-13。

表4-13　专利分类等级例子

部	A	人类生活必需品
分部		保健与娱乐大类
大类	A63	运动；游戏；娱乐运动
小类	A63B	体育锻炼，体操游泳爬山或击剑用器械、球类；训练设备
组	A63B69/00	特殊运动用的和训练用的器械
一级分组	A63B69/20·	练习击拳用的吊球
二级分组	A63B69/22··	装于或悬挂于固定支撑物上的
三级分组	A63B69/24···	系在人体上的

更多详细的分类可访问中国国家知识产权局网站[①]，免费注册即可查询。

2. 专利说明书

狭义的专利文献指专利说明书。专利说明书由说明扉页、权利要求书、说明书和附图组成，内容比较具体，通过它可以了解一项专利的主要技术内容。专利说明书的内容和格式都有专利号，它由专利国别或地区代码+序号组成。表4-14给出了主要国家或地区专利代码。对于专利说明书的内容及格式，专利法都给出了明确的规定。如我国《中华人民共和国专利法》第二十六条第三款规定："说明书应当对发明或者实用新型做出清楚、完整的说明，以所属技术领域的技术人员能够实现为准；必要时，应当有附图。摘要应当简要说明发明或者实用新型的技术要点。"

表4-14　主要国家或地区专利代码

代码	国家或地区或组织	代码	国家或地区或组织
OA	非洲知识产权局	HK	中国香港特别行政区
EA	欧亚专利组织	IN	印度

---

① http://www.cnipa.gov.cn

代 码	国家或地区或组织	代 码	国家或地区或组织
EP	欧洲专利组织	JP	日本
WO	世界知识产权局	KR	韩国
AU	澳大利亚	MO	中国澳门特别行政区
CA	加拿大	RU	俄罗斯
DE	德国	TW	中国台湾
FR	法国	US	美国
GB	英国	CN	中国

3．专利号

专利文献专利号是指国家知识产权局按照法定程序，在专利申请公布和专利授权公告时给予的专利文献标识号码。为完整标识一篇专利文献的出版国家，以及在不同程序中的公布或公告，采用"国家代码＋专利文献号＋专利文献种类标识代码"联合使用。

例如，四川轻化工大学的彭龚和任爽发明的专利《一种LED灯智能控制开关》，其专利号的申请号为CN201920914052.8，公告号为CN210868220U。

其中，"CN"是国家代码。对于申请号，"2019"是申请年，"20914052"这8位数字是申请流水号，后面的小数点是计算机校验码。公告号中"210868220"这9位阿拉伯数字，分为申请种类号和公布或公告顺序的流水号两部分，第1位为申请种类号，第2～9位为文献流水号。申请种类号用1位阿拉伯数字表示，1表示发明专利申请；2表示实用新型专利申请；3表示外观设计专利申请。公告号中"U"是专利文献种类标识代码。专利文献种类标识代码以一个大写英文字母，或一个大写英文字母与一位阿拉伯数字的组合表示。大写英文字母表示相应专利文献的公布或公告。阿拉伯数字用来区别公布或公告阶段中不同的专利文献种类。

专利文献种类标识代码中字母的具体含义：

A——发明专利申请公布。

B——发明专利授权公告。

C——发明专利权部分无效宣告的公告。

U——实用新型专利授权公告。

Y——实用新型专利权部分无效宣告的公告。

S——外观设计专利授权公告或专利权部分无效宣告的公告。

专利文献种类标识代码中数字的含义，分别见表4-15、表4-16和表4-17。

表4-15 发明专利文献种类标识代码

代 码	含 义
A0 ~ A7	预留
A	发明专利申请公布说明书
A8	发明专利申请公布说明书（扉页再版）
A9	发明专利申请公布说明书（全文再版）
B0 ~ B7	预留
B	发明专利说明书
B8	发明专利说明书（扉页再版）
B9	发明专利说明书（全文再版）
C、C0	预留
C8、C9	预留
C1 ~ C7	发明专利权公告部分无效宣告的公告

表4-16 实用新型专利文献种类标识代码

代 码	含 义
U0 ~ U7	预留
U	实用新型专利说明书
U8	实用新型专利说明书（扉页再版）
U9	实用新型专利说明书（全文再版）
Y、Y0	预留
Y8、Y9	预留
Y1 ~ Y7	实用新型专利部分无效宣告的公告

表4-17 外观设计专利文献种类标识代码

代 码	含 义
S0	预留
S8	预留给外观设计专利授权公告单行本的扉页再版

代　码	含　义
S	外观设计专利授权公告
S9	外观设计专利授权公告（全部再版）
S1～S7	外观设计专利授权公告部分无效宣告的公告

4. 专利文献检索字段及内涵

专利文献检索常用的字段及含义，列表于4-18中。

表4-18　专利文献检索的字段及含义

字　段	字段含义
标题	专利主题的简短描述，可以人工快速浏览与检索
摘要	简要描述专利的技术内容，最常用的检索字段，常与标题一起进行关键词检索
权利要求书	比标题和摘要更能确切地说明发明主题
专利说明书	是对发明或者实用新型的结构、技术要点、使用方法的介绍，包括技术领域、背景技术、发明内容、附图说明、具体实施方法
发明人	实际从事发明创造工作的人
代理人	经过专利培训与考核，并在国务院专利行政部门登记，专门从事专利代理业务的人员
申请人	对某项发明创造有资格向专利行政部门提出专利申请的公民、法人或者非法人单位，专利没授权前的申请人称为专利申请人，授权后称为专利权人
申请号	申请人在专利申报时，由国家知识产权局给申请人的受理号，即专利局受理专利时给专利提供的识别代码。三种专利申请号由12位数字组成，按年编排
申请日	指国家知识产权局专利局收到专利申请文件的日期
公开号	发明专利公布的编号
公开日	发明专利申请公开日
专利号	三种专利授权以后的代号
主分类号	同一专利申请中，由于技术内容的复杂性，有时会涉及多个技术领域，会出现一个申请具有若干个分类号的情况。这时，其中第一个称为主分类号
优先权日	专利申请人就同一项发明在国际专利组织缔约国中的一个国家提出申请之后，在规定的期限内又向其他缔约国提出申请时，申请人有权要求以第一次申请日作为后来提出申请的日期，这一申请的日期就是优先权日

字　段	字段含义
法律状态	有效性、权利转移状况即授权
引证文献	包括某建筑案例所引证的在先技术和日后引证该案的专利，可用来研究技术的衍生变化、上下位关系、公司研发特点以及不同申请人的技术关联

4.7.3　专利文献检索常用的网址

检索专利文献的网址平台很多，表4-19列出了专利文献检索的常用网址。

表4-19　专利文献检索网址一览表

网站名	网　址
国知局专利检索与查询	http://www.cnipa.gov.cn
万方数据——中外专利数据库	http://s.g.wanfangdata.com.cn/PatentAdvancedSearch.aspx
PatentCloud，专利云检索王	https://www.patentcloud.com/
中国知网——中国专利/海外专利检索	http://epub.cnki.net/kns/brief/result.aspx？dbprefix=SCPD
Derwent Innovations Index（德温特）	http://apps.webofknowledge.com
美国专利与商标局（USPTO）专利全文文本和图像数据库（PatFT）	http://patft.uspto.gov/netahtml/PTO/index.html
日本特许厅日本专利信息平台J-platpat	https://www.j-platpat.inpit.go.jp/web/all/top/BTmTopEnglishPage
韩国专利局检索系统	http://www.kipris.or.kr/enghome/main.jsp
欧洲专利局免费检索系统	http://worldwide.espacenet.com/advancedSearch？locale=en_EP%20
世界知识产权组织专利检索系统	https://patentscope.wipo.int/search/en/search.jsf
俄罗斯专利局信息检索系统	http://www1.fips.ru/wps/wcm/connect/content_en/en/informational_resources/article_entr_irs_en_new
德国专利局发明和实用新型检索系统	https://register.dpma.de/DPMAregister/pat/uebersicht
外观专利检索	https://register.dpma.de/DPMAregister/gsm/uebersicht

网站名	网　址
新西兰专利局专利检索系统	http://www.iponz.govt.nz/app/Extra/Default.aspx?sid=63581837971 3557230
香港知识产权署商标、专利和外观设计检索系统	http://ipsearch.ipd.gov.hk/
英国知识产权局发明检索系统	https://www.ipo.gov.uk/p-ipsum.htm

4.7.4 专利文献检索实例——国家知识产权局的专利检索系统

1. 概况

进入国家知识产权局（简称国知局）官方网站，选择"政务服务"的"专利"中的"专利检索"，进入中国国家知识产权局的"专利检索及分析"平台。该平台收录了105个国家地区和组织的专利数据，以及引文、同族、法律状态等数据信息。涵盖了中国、美国、日本、韩国、英国、德国、法国、瑞士、俄罗斯、欧洲专利局和世界知识产权局组织的数据。注册成为普通用户，可免费检索、下载全文、在线阅读专利说明书纯文本和图像内容、利用专利分析功能以及个性化服务。免费注册之后，通过个人中心，可以查询历史检索式和检索结果，可以推送个性化需要的信息。

2. 检索方法和深层次服务功能

该平台提供的检索方法有常规检索、高级检索、导航检索、药物检索、命令行检索；提供的深层次服务功能有热门工具和专利分析。可支持中文、英文、日文等多种语言检索，如果地域范围是"全选"，检索结果包括105个国家和地区地域的专利，检索结果的语言可自动翻译成相应的所选语言，可参见图4-20。不论是常规检索还是高级检索，每个检索界面都很人性化，对于任何初次使用的用户，只要阅读它的检索示例，都会使用，并支持布尔逻辑、半角（）、双引号等多种算符。

图4-20　国知局专利检索及分析界面

1）常规检索

该检索方法界面有两个点击按钮。第一个是"🌐"，点击它，可以选择专利检索的地域范围，如图4-21所示。第二个按钮是下拉式菜单按钮"▾"，点击它，可选择检索字段，如图4-22所示。

⚑ 常规检索

🌐 ▼		检索

☐ 全选　　　　　**数据范围**

☐ 中国　　　　│ ☐ 中国发明申请　　☐ 中国实用新型　　☐ 中国外观设计
　　　　　　　　☐ 香港　　　　☐ 澳门　　　　☐ 台湾

☐ 主要国家/地区/组织 │ ☐ EPO　　☐ WIPO　　☐ 美国　　☐ 日本　　☐ 韩国　　☐ 英国
　　　　　　　　│ ☐ 法国　　☐ 德国　　☐ 俄罗斯　　☐ 瑞士

☐ 其他国家/地区/组织 │ ☐ 奥地利　☐ 澳大利亚　☐ 比利时　☐ 荷兰　　☐ 加拿大　☐ 西班牙
　　　　　　　　│ ☐ 墨西哥

图4-21　国知局专利检索地域选择界面

⚑ 常规检索

🌐 ▲		检索

◉ 自动识别　　　○ 检索要素　　　○ 申请号　　　○ 公开（公告）号

○ 申请（专利权）人　○ 发明人　　　○ 发明名称

图4-22　国知局专利检索字段选择界面

常规检索方法中有7个检索字段可供选择。

（1）"自动识别"字段。

支持两种逻辑运算符AND、OR。

多个检索词之间用空格间隔，如智能 手机。

系统默认布尔逻辑运算符是AND，如输入智能 手机，系统按照"智能 AND 手机"进行检索。

日期支持间隔符"-" "."，支持如下格式：YYYY-MM-DD、YYYY.MM.DD、YYYYMMDD、YYYYMM、YYYY；

支持半角( )算符，如输入国产(智能 手机)，系统优先执行"智能 AND 手机"，然后将所得结果再与"国产"进行AND运算；

如果检索条件中包含空格、保留关键字或运算符，需使用半角双引号，如"WILLIAMS AND LANE IN"。

（2）"检索要素"字段。

在标题、摘要、权利要求和分类号中同时检索。

支持布尔逻辑运算符and、or、not。

如果输入有空格，则需加英文双引号，如"沈阳 中国石油"；否则系统将按照"沈阳 OR 中国石油"检索。

（3）"申请号"字段和"公开（公告）号"字段。

申请号格式或公开号格式：文献的申请国+申请流水号，如CN123456789。

自动去掉校验位，如果输入CN12345678.9，系统会按照CN12345678进行检索。

输入ZL123456789，系统会按照CN123456789进行检索。

支持模糊匹配，如果输入12345，系统会按照CN12345 OR 123456789进行检索。

输入CN123456789 CN987654321，系统会按照CN123456789 OR CN987654321进行检索。

支持截词符+、？、#。+——任意长度的字符串；？——一个或没有字符；#——一个强制存在的字符。所有截词符均为半角字符。

支持布尔逻辑运算符or、not。

（4）"申请（专利权）人"字段、"发明人"字段和"发明名称"字段。

支持布尔逻辑运算符and、or、not。

如果输入有空格，则需加英文双引号，如"沈阳 中国石油"；否则系统将按照"沈阳 OR 中国石油"检索。

检索实例1：检索关于青蒿素制备的专利。

检索平台：中国国家知识产权局专利检索与分析系统。

检索词：青蒿素 制备。

检索式：青蒿素and 制备。

检索字段：发明名称。

检索地域范围：全选。

检索结果：384

检索时间：2021年8月12日。

检索结果可以按照搜索式、列表式、多图式、申请日升降式显示，需要阅读专利说明书全文时，可点击"详览"，可"下载"获取，也可在线阅读"全文文本"或者"全文图像"。

2）高级检索

高级检索界面除了常规检索字段外，增加了有关申请日、公开（公告）日、优先权日的有关时间的字段，还有分类号、关键词、说明书字段，这些字段检索与谈到的"检索要素"字段检索一样，下面主要讲述时间字段的使用。时间符号有=、>、<、：、≥、≤（这些符号都是半角符号）。

高级检索界面，选择相应字段键入相关检索词之后，在检索式编辑区选择布尔逻辑算符，之后一定要点击"生成检索式"，再点击"检索"，如图4-23所示。

图4-23 国知局专利检索的高级检索界面

高级检索与常规检索小结：

（1）多个关键词之间用空格隔开。常规检索和表格检索中多个关键词之间是"OR"关系，一站式检索中多个关键词之间是"AND"关系。例如，"手机 病毒"比"手机病毒"检索结果多。如果检索的关键词中包含空格" "，要用英文双引号将关键词括起来，如分类号检索"G06K 9/00"应写成"G06K 9/00"。

（2）布尔逻辑运算符"AND""OR"和"NOT"，不能在同一级使用，要用英文括号"( )"进行分割。例如，"手机 NOT 病毒 AND 智能"应写成"(手机 NOT 病毒)AND 智能"。如果检索的关键词中包含布尔逻辑运算符"AND""OR"或"NOT"，要用英文双引号将关键词括起来。例如，"AND AND OR"应写成"AND"AND"OR"。第一个词"AND"和第三个词"OR"是关键词，第二个词"AND"是布尔运算符。布尔逻辑运算符"AND""OR"和"NOT"，不区分大小写。例如，"手机 AND 病毒"和"手机 and 病毒"检索效果相同。

（3）申请号检索时，号码格式为国别+申请流水号，获得的检索结果更准确。例如，"CN201010109988"。通过公开（公告）号检索时，号码格式为国别+申请流水号+公布等级，会使检索结果更准确，如"CN201033311Y"。

3）导航检索

导航检索是按照专利分类进行检索，这样可以检索某一部、某一大类或某组的专利结果，如图4-24所示。

图4-24　国知局专利检索的导航检索界面

4）药物检索

药物检索与高级检索界面类似，增加了药物特有的一些检索字段，如相似疗效、方剂组成、制剂方法等，如图4-25所示。

图4-25　国知局专利检索的药物检索界面

5）命令行检索

国知局专利检索中命令行检索相当于其他数据库中的专业检索，需要检索人员自己制定并输入检索式，如图4-26所示。

图4-26　国知局专利检索的命令行检索界面

6）热门工具

利用热门工具，可以获取到更多有关专利信息，如同族专利、专利的法律状态、专利引证查询、专利分类号关联查询、申请人别名查询、关联词查询等等，如图4-27所示。

图4-27　国知局专利检索的热门工具界面

检索实例2：四川轻化工大学的彭燊和任爽发明的专利《一种LED灯智能控制开关》，其专利的申请号为CN201920914052.8，公告号为CN210868220U，查询该专利的族号，优先权号和法律状态。

操作：输入该专利公告号，获得该专利相关信息。

族号：71291749。

优先权号：CN201920914052。

法律状态含义：实用新型专利权授予。

3．专利分析

在检索实例1的检索结果中，点击"加入分文献库"，如图4-28所示，自行键入分析库名称，并用一定词语描述。点击"创建并追加"，系统自动将重复专利去除，由384记录变为270记录（检索时间：2021年8月12日）。如果原来创建了同名的文献分析库，可以点击"覆盖"。文献分析库处理好之后，点击"进入分析"，跳转到分析界面，如图4-29所示。可以按照申请人分析、发明人分析、区域分析、技术领域分析、中国专项分析、高级分析进行分析；每一项分析还可以细分析。譬如技术领域分析还能从技术领域的趋势、构成、申请人分布、发明人分布、区域分布、技术演变趋势、技术生命周期、核心技术统计等进行细分析，分析的结果可以保存。

图4-28　国知局创建专利分析文献库实例界面

图4-29　国知局专利分析实例界面图

4.8 标准文献检索

4.8.1 标准文献概述

随着经济的发展和科学技术的进步，标准需要不断地修订、补充、替代或废止。根据我国《国家标准管理办法》，国家标准的年限一般为5年。ISO标准每5年复审一次。

标准文献的性质和特点决定了它作为生产技术活动依据的内在价值，这是其他文献所没有的。标准文献对于改进产品、过程和服务的适用性，防止贸易壁垒，促进技术合作都有着重要意义。在国际贸易竞争激烈的今天，一个常见的现象是许多国家放弃了关税壁垒的做法，转而以产品不符合国家标准而提高市场准入难度来阻止他国商品流入。利用标准文献，企业就能了解一个国家的经济技术政策、科技和生产水平，从而制定有效的经营战略。如企业在从事出口贸易时，应熟悉进口国的技术标准，在出口产品的生产、包装、运输时遵照国际标准或进口国标准，这将有利于突破技术标准壁垒，扩大市场，提高产品在国际上的知名度。因此标准文献也是文献调研不可忽视的文献类型。

1. 分类

标准文献分类有很多划分标准。

（1）按标准的使用范围，标准分为国际标准、跨国区域标准、国家标准、行业标准、地方标准、企业标准。

① 国际标准：世界范围内统一使用，由国际化标准组织ISO、国际电工委员会IEC、美国电气与电子工程师学会IEE和国际电信联盟ITU制定的标准，以及由其他国际组织制定，经国际标准化组织确认并公布的标准。

② 跨国区域标准：指世界某一区域标准化团体制定，并在该区域使用的标准。表4-20给出了常见的跨国区域标准代号及含义。

表4-20 常见的跨国区域标准代号及含义

代 号	含 义	机 构
ARS	非洲地区标准	非洲地区标准化组织ARSO
ASMO	阿拉伯标准	阿拉伯标准化与计量组织ASMO
EN	欧洲标准	欧洲标准化委员会CEN
ETS	欧洲电信标准	欧洲电信标准学会ETSI
PAS	泛美标准	泛美技术标准委员会COPANT

③ 国家标准：由国家标准化机构组织制定并在全国使用的标准。表4-21给出了标准文献中常见的国别代码。

表4-21 标准文献中常见的国别代码

代 码	国家（地区）或组织	代 码	国家（地区）或组织
ANSI	美国国家标准	GB	中国国家标准
BS	英国国家标准	IEC	国际电工委员会
CEN	欧洲标准化委员会	ISO	国际标准化组织
CENELEC	欧洲电子技术标准委员会	JIS	日本工业标准
CNS	中国台湾地区标准	NF	发达国家标准
DIN	德国国家标准	TOCT	俄罗斯国家标准

在中国除了GB，目前还在使用一些其他的国家级标准：

GBZ——国家职业卫生技术标准。

GBJ——国家工程建设标准。

GJB——国家军用标准。

④ 行业标准：对没有国家标准而又需要在全国某个行业范围内统一技术要求而由有关行政主管部门制定的标准。行业标准需报国家标准化行政主管部门备案，在公布国家标准后，相应行业标准应废止。我国目前有67类行业标准，见表4-22。

表4-22 我国行业标准代号及含义

代 号	分 类	标准发布部门
AQ	安全生产	国家安全生产管理局
BB	包装	国家发改委
CY	新闻出版	国家新闻出版总署
DB	地震	中国地震局
YD	通信	信息产业部
…		

⑤ 地方标准：没有相关的国家标准和行业标准，而又需要在省、自治区、直辖市范围内统一工业产品的安全、卫生要求所制定的标准，由地方标准化行政主管部门制定，报国务院标准化行政主管部门和国务院有关行政主管部门备案。同样地，在公布国家标准或行业标准后，相应地方标准应废止。地方标准编号以"DB"开头。

⑥ 企业标准：企业范围内为了协调、统一技术要求而制定的标准，须报当地政府标准

化行政主管部门和有关行政主管部门备案。企业生产的产品没有国家标准和行业标准时，应制定企业标准，作为组织生产的依据；已有国家标准或者行业标准的，国家鼓励企业制定严于国家标准或行业标准的企业标准，在企业内部使用。企业标准编号以"Q"开头。

（2）按标准的使用目的，标准分为管理标准、工作标准、技术标准。

管理标准：对标准化领域中需要协调统一的管理事项所制定的标准。

工作标准：对工作的性质、权利、范围、质量要求、程序、效果、检查方法、考核办法所制定的标准。

技术标准：对标准化领域需要协调统一的技术事项所制定的标准。包括基础标准、产品标准、工艺标准、检测试验方法标准及安全、卫生、环保标准。

其中，技术标准最多，可细分为基础、产品、工艺、检测试验方法、安全、卫生、环保等多类。

（3）按标准的法律效力，标准分为强制性标准（GB）、推荐标准（GB/T）、指示性标准（GB/Z）。

强制性标准：指在一定范围内，国家运用法律和行政法规强制性手段加以实施的标准。

推荐性标准：提倡性、指导性、自愿性标准，但一经选定，则必须强制执行。

指导性标准（文件）：为仍处于技术发展过程中的标准化工作提供指南或信息，供科研、设计、生产、使用和管理等有关人员参考使用而制定的标准文件。

（4）按照标准的成熟程度，标准可分为法定标准、试行标准、标准草案和推荐标准。

（5）按标准的内容，标准可分为基础标准、产品标准、方法标准、安全卫生标准等。

2．标准文献的编号

标准文献都有标准号，它通常由国别（组织）代码+顺序号+年代组成。例如：

ISO 11664-3-2012（2012年发布的国际标准，-3是分标准号）；

ANSI/ASME Bpea-2004（2004年前发布的ANSI与ASME联合标准）；

IEEE 2601—2004（2004年前发布的IEEE标准）；

GB 2626—2006（2006年发布的强制性中国国家标准）；

GB/T 7714—2015（2015年发布的推荐性中国国家标准）；

QJ 3117A—2011（2011年发布的中国航天行业强制性标准，QJ为中国航天行业标准代号）；

DB11/T 950—2013（2013年发布的推荐性北京地方标准，11为北京地方标准）。

企业标准编号：Q／×××，J2.1—2007

标准修订前后标准的变化：修订后，标准号变化的仅是发布年份。例如，GB 4578—1984，GB 4578—2008。

4.8.2 标准文献的获取

1．免费检索标准的系统或平台

（1）中国知网数据库的标准数据，包括国家标准全文、行业标准全文、职业标准全文以及国内外标准题录数据库，共计60余万项。其中，国家标准全文数据库收录了由中国标准出版社出版的，国家标准化管理委员会发布的所有国家标准；行业标准全文数据库收录了现行、废止、被代替、即将实施的行业标准；职业标准全文数据库收录了由中国劳动社会保障出版社出版的国家职业标准汇编本，包括国家职业技能标准、职业培训计划、职业培训大纲；国内外标准题录数据库收录了我国以及部分其他国家、标准化组织制定与发布的标准题录数据，共计54余万项。

（2）万方数据库知识服务平台的中外标准数据库（China Standards Database），收录了所有中国国家标准（GB）、中国行业标准（HB）以及中外标准题录摘要数据，共计200余万条记录。其中，中国国家标准全文数据内容来源于中国质检出版社，中国行业标准全文数据收录了机械、建材、地震、通信标准以及由中国质检出版社授权的部分行业标准。

（3）中国标准化管理委员会官方网站[①]。该平台"公众服务"，提供丰富、实用的标准信息服务，这个入口不仅实现标准、计划、公告和机构查询，还能与多个国家、区域分别建立信息平台，检索相应国家各级标准。

对于食品安全、环境保护、工程建设方面的强制性国家标准，需到相关部委官方网站检索。

（4）国家技术标准资源服务平台[②]，免费检索标准，多数提供在线订购全文。

（5）国家标准网[③]。

（6）国家标准文献共享服务平台[④]。

（7）标准网[⑤]。

（8）国家标准频道[⑥]。

（9）工标网[⑦]

2. 免费获取标准全文的平台

绝大多数标准全文需付费订购才能下载，如CNKI、万方等。

国家标准全文公开系统[⑧]提供强制性标准全文免费下载，对于食品安全、环境保护、工程建设方面的强制性国家标准，需到相关部委官方网站检索、下载。

中华人民共和国生态环境部[⑨]，可免费检索获取有关环境污染、生态资源等标准文献。

---

① http://www.sac.gov.cn

② http://www.gb688.cn

③ http://www.biaozhun8.cn

④ http://www.cssn.net.cn

⑤ http://www.standard.com

⑥ http://www.chinagb.org

⑦ http://www.csres.com

⑧ http://openstd.samr.gov.cn/

⑨ http://www.mee.gov.cn/ywgz/fgbz/bz/

国家工程建设标准化信息网[①]，可免费检索获取有关桥梁建设、道路施工、房屋建筑等标准文献。

中华人民共和国国家卫生健康委员会[②]，可免费检索获取有关食品、卫生、安全等方面的标准文献。

例如，"关于学生宿舍卫生要求的国家标准"，进入中华人民共和国国家卫生健康委员会网站首页→服务→卫生标准，输入"学生宿舍"，则可检索得到标准全文，还可下载PDF全文。

4.8.3 标准文献检索实例

检索实例：国内外关于防雾霾口罩是否有相应的结构、设计和过滤效率的标准。

选用检索平台：选用CNKI平台标准数据库。

检索词：口罩 雾霾。

检索字段：标准名称。

检索式：口罩 AND 雾霾。

检索结果：0条记录。

检索时间：2021年8月12日。

分析检索词，并调整检索策略。

"口罩"，属于自主性呼吸设备，也称为呼吸器、呼吸设备。

"雾霾"中的"霾"是空气中细颗粒物达到一定浓度所致，将"雾霾"换为"微粒""细粒"和"颗粒"……

因此，调整检索式为：Ti=(口罩＋呼吸器＋呼吸设备＋呼吸保护）AND TI=（雾霾＋颗粒＋微粒＋细粒)

由于检索词很多，用专业检索。

检索结果：35条记录。

检索时间：2021年8月12日。

注意：虽然检索词用的中文，但检索命中记录中也有中国以外的标准，这是因为国内外标准题录数据库中都有对应的译文。

4.9 科技报告检索

4.9.1 科技报告文献概述

科技报告注重详细记录科研过程的全过程，是另外一种重要信息源。与图书和期刊文献相比，科技报告的篇幅可长可短，但其内容新颖广泛、专业性强、技术数据具体，因而是科研人员、工程技术人员的优先参考资料。它对于交流各种科研思路、推动发明创造、评估技

---

① http:// www.ccsn.org.cn

② http://www.nhc.gov.cn/

术差距、改进技术方案、提供决策依据、避免科研工作中的重复与浪费、促进科研成果转化为生产力等方面起着积极的作用。

科技报告的检索除了一般文献的检索字段之外，还有自己特有的检索字段：报告名称、报告编号、计划名称、立项年度、项目/课题编号等。

4.9.2 科技报告文献的获取

目前，全世界每年发表的科技报告数量庞大，著名的有美国政府报告、英国的航空委员会的ARC报告、法国原子能委员会的CEA报告、德国航空研究所的DVR报告等。我国从1963年开始科技成果的正式报道工作。

1. 美国政府报告

美国政府报告数据库[①]（National Technical Information Secvice，NTIS），收录了美国政府立项研究及开发的项目报告，可以检索1964年以来美国政府的四大报告PB（美国国家技术信息服务处）、AD（美国国防技术信息中心）、NASA（美国国家航空航天局）、DOE（美国能源部）的文摘索引信息，少量收录西欧、日本及其他各国和地区包括中国的科学研究报告。

2. 中国国家科技报告服务系统

中国国家科技报告服务系统[②]，由科技部开发建设，包括科技部自然基金委、交通运输部等国家部委资助的项目所撰写的科技报告，检索和浏览报告摘要等，浏览全文时需实名注册。

3. 国研报告

国研报告[③]，是国务院发展研究中心专家不定期发布的有关中国经济和社会诸多领域的调查研究报告。它内容丰富，具有很高的权威性和预见性，每年200期，100万字左右，不定期出版，网络版每天在线更新，印刷版每月出版。

4. 世界银行

世界银行[④]，该网站提供世界银行组织的文件下载。

5. 美国斯坦福大学计算机技术报告[⑤]

该平台可浏览或下载有关计算机技术报告全文。

4.9.3 科技报告检索实例——中国国家科技报告服务系统

1. 登录访问方式

中国国家科技报告服务系统（见图4-30）登录访问有三种方式。

---

① http://search.proqust.com/ntis/index

② http://www.nstrs.cn

③ http://www.drcnet.com.cn/

④ http://wwww.worldbank.org/en/research

⑤ http://hci.stanford.edu/cstr/

图4-30 国家科技报告服务系统界面

1）社会公众

不需要注册，向社会公众无偿提供科技报告摘要浏览服务，可通过检索科技报告摘要和基本信息，了解国家科技投入所产出科技报告的基本情况。

2）专业人员

专业人员需要实名注册，通过身份认证即可检索并在线浏览科技报告全文，不能下载保存全文。科技报告作者实名注册后，将按提供报告页数的15倍享有获取原文推送服务的阅点。

3）管理人员

管理人员需实名注册，并通过科研管理部门批准后，享有检索、查询、浏览、全文推送以及批准范围内的相应统计分析等服务。

2. 检索方法

1）框式检索

框式检索支持报告名称、关键词、主题词、摘要等字段检索。

2）高级检索

高级检索即多个字段与布尔逻辑算符组配检索。支持逻辑与、逻辑非和逻辑或算符。

3）导航检索

导航检索按不同机构或行政部门提供的报告检索，分为科学技术部、国家自然科学基金委员会、交通运输部、地方科技报告。

检索实例：检索由四川省医学科学研究院完成的有关青蒿素的科技报告。

检索平台：中国国家科技报告服务系统。

检索字段：报告名称 AND 作者单位。

检索词：青蒿素 四川省医学科学研究院。

检索结果：2条。

检索日期：2021年8月13日。

4.10 文献调研小结

通过对图书文献、学术期刊文献、会议文献、学位论文、专利文献、标准文献和科技报告等文献的具体检索和利用，本节对如何更好做好文献调研做一个小结。

4.10.1 文献调研的方法

进行文献调研，根据具体情况，使用不同的调研方法。常见的调研方法有以下三种。

1. 常用法

按照检索时所关注的时间可分为顺查法、倒查法和抽查法。

（1）顺查法是指以问题发生年代为起点，从最初的年代往近期查找，用于了解某一事物发展的全过程。此法查得的信息全面，但较费时。

（2）倒查法是指由近及远地查找文献，重点为近期。此法往往用于查较新的文献，适于科技查新。

（3）抽查法是指只需查找某一时间段的文献。此法适于有针对性地检索特定时间段的文献。

2. 追溯法

追溯法也叫引文法。利用原始文献后所附参考文献，追踪查找参考文献的原文，其追溯过程可不断延伸。美国的《科学引文索引》（Science Citation Index，SCI）就是基于这种思想编制的。该法的优点是方便易行，缺点是作者列出的参考文献有限，所获得相关文献不全，容易漏检。

3. 综合法

综合法是指将以上两种方法结合起来使用，既进行常规检索，又利用文献所附的参考文献进行追溯检索。其优点是检索效率高，能较快地找到一批有价值的相关文献。对于一个新的课题来说，往往既不知著者姓名，也不知文献来源，这时只有从文献的内容特征入手，采用主题途径或分类途径查找文献。在收集资料的过程中，如果发现某篇文章好，便可根据该文章的参考文献查找更多的相关文献。

4.10.2 文献调研步骤

面对一个课题，不要急于执行，需按照以下步骤循序渐进地进行。

1．认真分析检索要求

分析研究课题，检索结果需要满足什么条件（研究领域、主题、著作、年代、出版类型、原文语种……），最好还能满足哪些条件。

已经有哪些线索，这些线索怎样成为检索点，是否还需要补充一些线索。

检索结果大概会在什么数量级，是否愿意得到一些相关度不算高的外围结果。

2．选择最恰当的信息源

搜索引擎和文献数据库在检索对象上有很大不同，即便同为学术文献数据库，由于它们有各自不同的收录原则，收录的内容也各有千秋。选择信息源如同选公共汽车，如选错了就会南辕北辙，故要在充分认识的基础上选择最符合要求的信息源。选择信息源从以下几个方面考虑：

覆盖学科（综合/某个学科大类学科）。

覆盖地域（全球/一个国家/一个出版社/一个机构）。

收录质量标准（高质量/尽可能全面）。

源文献语种。

源文献出版类型。

文献内容属性（研究论著/数据与事实/新闻报道……）。

数据时效性。

对原始文献揭示深度（全文/题录）。

访问权限〔正式订购（本机构，公共文献机构……），免费资源〕。

3．选择检索途径

一个检索途径可能对应多个检索字段。选择检索途径时要考虑以下几个方面：

1）主题途径

主题途径对应的检索字段包含标题词、关键词、摘要词、规范化词表等，如果是全文数据库，还可以对正文中出现的反映文献主题内容的词进行检索。同一个检索词在不同的主题检索字段中检索，得到的结果是不一样的。例如，"篇名"字段"多"，"摘要"字段"少"。倘若数据库的词表对使用的主题词加以规范，如"IE（美国工程索引）"，应使用规定的规范化检索词，得到的检索结果将会与检索要求更密切相关。

2）人名途径

对应的检索字段可能是著者、编者、导师、专利权人、发明人等。

单一的检索字段不能完全体现检索要求，考虑结合逻辑算符与其他字段组配检索。

4．确定检索词。

在检索过程中，最基本同时也是最有效的检索技巧，就是选择合适的检索词。检索词是否恰当，将直接影响检索结果，是提高查全率和查准率的关键之一。选择检索词的原则是反映信息特征，表达信息要准确，表述信息要多元，避免使用自然语言。

课题名称一般能反映检索的主题内容，故通常可以从课题名称入手来确定主要概念。

1）如何根据课题名称提取检索词

📄 例1 课题名称：电动汽车的研究现状及发展趋势

首先用切分法。

所谓切分法就是指将用户的需求语句分割为一个一个的词。对于一些不具有检索意义的虚词（包括介词、连词、助词、副词等）进行删除，如本课题中的"的""及"需要删除。根据课题名称进行主题分析，提取具有实质意义的实词，结合本课题，实词有"电动汽车""研究现状""发展趋势"。

然后进行主题概念分析，使用删除法。

对于过分宽泛和过分具体的不必要的限定词，以及存在蕴含关系和词义延伸过多的词进行删除。比如，"作用""用途""用法""应用""利用"等；"研究""分析""方法""影响""效果""效率""意义"等；"展望""趋势""现状""进展""动态"等；"制造""开发""生产""加工""工艺"等；"提炼""精炼""提取""萃取""回收""利用"等；英语单词"device""process""system"等，用删除法删除。结合本课题实例，其中的"研究现状"和"发展趋势"予以删除，故本课题的检索词为"电动汽车"。

本课题检索式：主题=电动汽车。

2）提取检索词的过程中应注意的情况

（1）当课题涉及多个概念时，将这些概念按重要性排序。一般地，概念提取原则：研究对象 and 方法（技术方案）and 目的（技术特点 or 创新点）。

📄 例2 课题名称：利用基因工程的手段提高植物中的淀粉含量

提取概念：利用切分法和删除法，去掉题面中的"利用""的""手段""中"和"提高"，剩下实词有："基因工程""植物""淀粉""含量"。

排序：淀粉（研究对象），基因工程（技术手段），提高淀粉含量（目的）。

编写检索式：主题=（淀粉 and 基因工程 and 含量）。

（2）进行课题概念分析时，注意概念的规范性、隐含概念。

📄 例3 课题名称：成德绵产业带，现代集成制造系统发展战略和关键应用技术研究

提取概念：利用切分法和删除法，删除题名中的"现代""发展战略""关键""应用""技术""研究""系统"和虚词，题面中有实质意义的实词有："成德绵""产业带""集成制造"。

其中，"成德绵"是特称词，不规范，需要替换成"区域"。本课题还隐含了一个概念，采用的方法与手段是"电子商务"。

本课题检索式：主题=（区域 and 产业带 and 集成制造 and 电子商务）。

隐含概念提取从这几个方面考虑：

同义词、近义词——意义相近或相同的词，如GIS和地理信息系统、CAD和计算机辅助设计、CAI和计算机辅助教学等。

上位词——概念外延的主题词。如水和海水，新能源和风能、海洋能、地热能、太阳能、氢能、核能，知识产权和专利权、版权、著作权、商标权等。

下位词——概念内涵更窄的主题词，如尾气污染、废气污染和大气污染。

对于英文检索式，恰当地使用截词检索，可以提高检索结果的查全率。

例4 课题名称：青蒿素的制备

提取检索词：青蒿素、制备。

隐含同义词：合成。

翻译成英语：

青蒿素——arteannuin，artemisine，artemisinine，artemisinin，qinghaosu。

制备——preparation。

合成——synthesis，syntheses。

检索式：（artemisin??? ? OR arteannuin OR qinghaosu）AND（Preparation OR synthes? ? s）

5. 制定最优的检索策略

确定了检索词，执行检索后，回顾、反思检索行为，加以评价。

若检索结果数量过多或结果相关度太低，调整检索策略，增加限定条件或者增加另一个主题，以缩小检索范围。

反之，结果太少，调整检索策略，重新选择（增加）数据库；重新确定检索字段和检索词；取消一些不必要的限定条件等。通过反复、多次的评价和调整，检索策略不断优化，从而获得最佳检索结果。

例5 课题名称：霉菌与甲醛的相互作用

选择检索字段：主题。

提取检索词：霉菌、甲醛。

第一次检索：①su=('霉菌' * '甲醛')。

该表达式：检索出的论文的篇名或摘要或关键词中要同时出现"霉菌"和"甲醛"，单引号表示精确检索，且单引号、括号、星号使用英文半角输入，且星号前后有空格，检索结果为216条记录，检索时间2021年7月23日。

观察检索结果：很多结果记录中，"曲霉"的同义词有"菌株""菌落""菌丝""青霉"等，说明"霉菌"还有这些相关词。

调整检索式，第二次检索式为② SU=(('霉菌' + '菌落' + '菌株' + '菌丝' + '曲霉' + '青霉') * '甲醛'。

检索结果为1105条记录（检索时间2021年7月23日）。观察检索结果，发现有些检索记录的内容与检索课题相关性很低，从内容相关性较高的检索记录发现，霉菌和甲醛的相互作用，指霉菌对于甲醛的一个"分解或转化、降解等"的作用。因此，该课隐含了检索概念：分解、转化、降解、合成、分离、沉降等。

再次调整检索式，第三次检索式为③ SU=(('霉菌' + '菌落' + '菌株' + '菌丝' + '曲霉' + '青霉') * '甲醛'* ('降解' + '分解' + '转化' + '合成' + '沉降' + '分离'))。

检索结果为290条记录（检索时间2021年7月23日），观察检索结果，检出率提高了，查准率也提高了，检索结果比较满意。

这说明检索是一个不断调整检索式的过程。

6．获取原始文献

常见的获取原文的途径有以下几种：

1）向有权限的电子全文数据库获取全文

很多数据库的电子全文，需安装Acrobat Reader阅读器方能阅读或者下载全文；有些电子全文数据库，如果需要阅读或者下载全文，需要安装数据库指定的阅读器，如超星电子图书数据库需要安装超星阅读器，中国知网需要安装指定的CAJViewer阅读器等。

2）文摘数据库点击"原文链接"

"Google sholar""Web of Science"的文摘索引数据库，要获得全文，需要点击"获取原文""SFX链接"，通过系统自动跳转到原文所在的数据库中获得全文（前提是有权限的电子全文数据库）。

3）从网上查找原文

用Google或百度等从网上找原文，这种方法最大的优点是简单快捷，但不是每一次都能成功。能够从网上获取原文的前提是有电子期刊的使用权或者全文是免费的，如各类开放期刊和机构等，详细内容参见6.2.3节。

4）利用馆藏获取原文

前面3种途径不能解决时，利用图书馆的馆藏来获取原文。此途径需要记下原文的出处、图书名、期刊名、会议录名……利用图书馆的纸版图书或者电子资源获取。

5）向图书馆求助

如果前面4种途径还不能解决时，向图书馆或其他文献收藏机构求助，利用馆际互借或者文献传递等方式获取。不过这种途径可能需要用户承担一定的费用。

6）科研社交网络平台

前面5种途径不能获取原文时，还可以通过一些科研社交网络平台救助。目前，科研社交网络发展迅速，覆盖面越来越广，功能越来越丰富，科研人员利用科研社交网络来进行学术交流的趋势也越来越明显，这是我们在进行学术信息交流时应该关注的渠道。国外有名的科研社交网络平台有Academia、ResearchGate、vivo、Mendeley；国内有名的有小木虫、丁香园、ResearchGate等。

7）联系原文作者

通过联系原文作者一般也能获取原始文献。

4.10.3 文献调研常见误区

在文献调研过程中，需要注意避免以下几个常见的误区。

误区一：只（主要）使用搜索引擎或搜索引擎提供的学术搜索工具。

作者Wichor Matthijs Bramer，BSc在期刊*Journal of the Medical Library Association*发表的文章*Variation in number of hits for complex searches in Google Scholar*里谈道，作者和他的伙伴用了两年时间统计分析发现，以相同的检索式在谷歌学术搜索引擎检索，不同时间检索出的结果不一样（见图4-31），以"Google scholar"为例说明学术搜索引擎收录文献信息的不稳定性。

Figure 2
Changes in number of hits reported excluding citations by Google Scholar

Figure 3.
Changes in number of hits reported including citations by Google Scholar

图4-31　Google scholar收录文献统计数据对照

检索误区二：只（主要）使用某个数据库。

每个数据库都有自己收录方针和政策。譬如，有关化学化工方面的文献。中文数据库CNKI、维普科技期刊数据和万方知识服务平台也可以检索，外文数据库如ScienceDricet也可以检索，但是要想比较全面地检索出有关化学化工方面的文献，最好的选择还是CAPlus数据库，下面揭示关于这类学科不同文献数据库收录数量的比较（见图4-32）。

图4-32　化学化工类文献收录数量对比实例

注：图中椭圆的面积大小表示该数据库收录化学化工文献的多少。

文献调研的误区还有只（主要）调研期刊论文，忽视对图书、学位论文、参考工具书、专利说明书等文献调研，只（主要）调研电子资源，忽视对印刷资源的调研，只（主要）使用单一检索词进行检索，忽视对相关词、同义词、近义词的检索等误区。

4.10.4 文献调研的原则

为避免以上误区，在文献调研过程中，遵循以下原则。

1. 全面性原则

所谓全面，指检索多种文献类型；检索工具及检索系统全面；检索文献的语种不能太单一；检索词不能太少，关注相近或相关的文献，检索文献的时间不能过短；还要有一定的历史层次感，理清研究课题的来龙去脉。

2. 时效性原则

文献调研的目的主要是了解课题最新进展，最新动态。要选择更新速度快，内容新颖的信息源，跟踪课题研究成果。可以利用数据库提供的E-mail、Alert、RSS等功能来追踪课题的最新进展。

3. 可靠性原则

优先选择经过正式出版的信息源以及经同行评议的信息源。

4. 经济性原则

尽量降低文献调研过程中的时间成本和经济成本。充分认识信息源，使用高级检索和专家检索，提高检索效率，节约时间；充分了解所在大学或公共图书馆的资源，节约经济成本。

第 5 章

事实检索和数据检索

前面已经学习了如何综合利用各类检索工具和检索系统，来满足学习、科研所需的文献需求。在生活、学习、工作中，我们经常会需要查证核实一些数据和事实。例如，交通工具信息、物价上涨指数、商品涨幅、居民消费价格指数CPI、空气质量……这些就是数据检索和事实检索。

所谓数据检索，是以数据为检索对象，从已收藏数据资料中查找出特定数据的过程。事实检索是对存储的文献中已有的基本事实，或对数据进行处理后得出的事实过程。检索想要获取真实可靠的事实、数据，就需要查找各类参考工具书。

参考工具书：根据一定的需要，系统汇集某方面的知识信息或文献资料，并按特定方法加以编排，以供人们需要时能迅速获取特定的文献信息、资料或具体事实与数据的一种特殊类型的文献。

参考工具书从出版形式这个角度可分为百科全书、字典词典、年鉴、手册、法律法规文本、传记资料、名录、地图、表普、指南……

参考工具书从依存载体的角度分为印刷版和数字版。印刷型工具书具有传统、经典的特点；数字版工具书是以数据库形式呈现，一般包含多种出版物内容，其特点检索便捷、容易，如数据库Knovel。

不同参考工具能提供不同种类信息，根据需求加以选择。利用参考工具查找所需的特定信息，一般不用来进行系统学习。

5.1 认识概念、了解定义、读懂术语/缩略语

发生在2014年9月的厄尔尼诺现象是有史以来记载的持续时间最长的极端天气现象，扰乱全球近半数人口的生活，给人类带来严重的灾难。于是有很多人就去关注厄尔尼诺现象，那么到底什么是厄尔尼诺现象呢？

通过前面的学习，可利用专业图书，如《厄尔尼诺》《大气科学概论》等了解"厄尔尼诺"的概念和定义。但是，并不是任何一个读者都能很容易地获取这些专业性图书，在当今这个网络时代，大部分普通人会利用网络去查找获取相关知识。

在百度百科上，"厄尔尼诺"的定义的文字描述是："厄尔尼诺暖流，是太平洋一种反

常的自然现象，在南美洲西海岸、南太平洋东部，自南向北流动着一股秘鲁寒流，每年的11月至次年的3月正是南半球的夏季，南半球海域水温普遍升高，向西流动的赤道暖流得到加强。恰逢此时，全球的气压带和风带向南移动，东北信风越过赤道受到南半球自偏向力（也称地转偏向力）的作用，向左偏转成西北季风。西北季风不但削弱了秘鲁西海岸的离岸风——东南信风，使秘鲁寒流冷水上泛减弱甚至消失，而且吹拂着水温较高的赤道暖流南下，使秘鲁寒流的水温反常升高。这股悄然而至、不固定的洋流被称为"厄尔尼诺暖流"。

在英文版维基百科上，"厄尔尼诺"被定义为："El Niño（/ɛl ˈniːn.joʊ/; Spanish: [el ˈniɲo]）is the warm phase of the El Niño–Southern Oscillation（ENSO）and is associated with a band of warm ocean water that develops in the central and east-central equatorial Pacific（approximately between the International Date Line and 120° W），including the area off the Pacific coast of South America. The ENSO is the cycle of warm and cold sea surface temperature（SST）of the tropical central and eastern Pacific Ocean. El Niño is accompanied by high air pressure in the western Pacific and low air pressure in the eastern Pacific. El Niño phases are known to last close to four years，however，records demonstrate that the cycles have lasted between two and seven years. During the development of El Niño，rainfall develops between September–November."。

同样的条目，两个网络百科描述内容不一样。由于网络的包容性，每一个网民都可参与奉献条目内容，每个人水平参差不齐，无法保证条目内容的准确、权威。那么，我们如何选择、该相信谁呢？

关于一些经典学术概念的定义，可以从以下几个途径去获取。

5.1.1 百科全书

1. 概念

百科全书：百科全书是概要记述人类一切知识门类或某一知识门类的全部知识，并按辞典形式编排的大型参考工具书，其可信度高。

百科全书从出版的角度分为印刷版和数字版。印刷版百科全书传统、经典；数字版百科全书检索快速、便捷。

2. 著名百科全书

1）《大不列颠百科全书》（《大英百科全书》）

《大不列颠百科全书》是最权威的百科全书，其印刷版问世于1868年，2012年宣布不再出版印刷版，新版使用数据库[①]"Britannica"（付费订购，检索）。

2）《中国大百科全书》

它是我国第一部大型综合性百科全书，也是世界上规模较大的几部百科全书之一。有印刷版，也有电子版。

---

① http://www.Britannica.com/

访问中国大百科全书（网络版）途径：

（1）中国大百科全书数据库[①]

中国大百科全书数据库注册登录可免费使用两周。例如，从《中国大百科全书》（第二版）数据库获得关于"厄尔尼诺"的定义为："赤道东太平洋到南美西海岸海水温度剧烈变暖事件。由于这种事件经常发生于圣诞节前后，所以当地人称为厄尔尼诺，意为"圣婴"。厄尔尼诺发生时，全世界天气和气候会发生剧烈异常，南美西岸的国家由于海温异常暖，渔产减少并且造成洪涝多发，南亚、印度尼西亚、澳大利亚东部以及东南非洲则引起干旱，西太平洋台风发生偏少。厄尔尼诺对中国天气气候比较肯定的影响为华北夏季干旱和东北夏季冷温年份出现次数增多。对中国其他地区的影响尚需做进一步研究。此外，海温异常会造成东北太平洋上空大气环流异常，形成一个向东北方向的波列，影响北美洲。"

（2）中国国家图书馆

注册办理读中国国家图书馆读者卡后，可检索国家图书馆的"工具书"中的"中国大百科全书数据库"。

3）百科全书网[②]

百科全书网是一个在线播放的百科全书。观众可以通过视频节目了解各方面的知识。登录该在线网站，点击或者输入所想要了解的知识，搜索之后就会出现相关的视频。在视频化的今天，这种形式出现的百科全书非常适应大众的需求。

5.1.2　字典、词（辞）典

1. 概念

字典、词典是指汇集字、词、熟语或事物名称，并以字或词立目，按一定方式编排的工具书。

2. 国外著名的词典

国外著名的有三大词典：《牛津词典》收录41余万词条，《韦氏三版国际英语词典》收录45余万词条，《芬氏和华氏新标准英语词典》收录词条约46万条。

3. 我国著名的词典

汉语字典是为字词提供音韵、意思解释、例句、用法等的工具书（西方没有字典的概念，是我国独有的）。字典以收字为主，也会收词。词典或辞典收词为主，也会收字。为了配合社会发展需求，新华词典收词数量激增并发展出不同对象、不同行业及不同用途的词典。随着吸收百科全书的元素，更有百科辞典的出现。

《康熙字典》是张玉书、陈廷敬等三十多位著名学者奉康熙圣旨编撰的一部具有深远影响的汉字辞书。该书的编撰工作始于康熙四十九年（1710），成书于康熙五十五年（1716），历时六年。由总纂官张玉书、陈廷敬主持，修纂官凌绍霄、史夔、周起渭、陈

[①] https://h.bkzx.cn/

[②] http://encyberpedia.com/

世儒等合力完成。字典采用部首分类法，按笔画排列单字，全书分为十二集，以十二地支标识，每集又分为上、中、下三卷，并按韵母、声调以及音节分类排列韵母表及其对应汉字，共收录汉字47 035个，为汉字研究的主要参考文献之一。《康熙字典》是中国第一部以字典命名的汉字辞书。

《中华大字典》著于1915年，由陆费逵、欧阳溥存等编。比《康熙字典》晚了近200年，字典查字48 000多个，其中包括方言字和翻译的新字，较《康熙字典》多出1 000多字。改正《康熙字典》的错误4 000余条，还有许多地方可以补《康熙字典》之不足。书前附《切韵指掌图》，以明反切声韵的类别。这本书的特点是解释简明，并有近代自然科学知识，是截止到民国时期，我国收字最多的字典。

《汉语大字典》全书约2 000万字，字典查字56 000多个，是当今世界上收集汉字单字最多、释义最全的一部中华字典大全，古今文献、图书资料中出现的汉字，几乎都可以从中查出。它由四川、湖北两省300多名专家、学者和教师经过10年努力编纂而成，是以解释汉字的形、音、义为目的的大型汉语辞典专用工具书。

《新华字典》是中国第一部现代汉语字典。其最早的名字叫《伍记小字典》，但未能编纂完成。自1953年，开始重编，其凡例完全采用《伍记小字典》。1953年开始出版，经过反复修订，以1957年商务印书馆出版的《新华字典》作为第一版。原由新华辞书出版社编写，1956年并入中科院语言研究所（现中国社科院语言研究所）词典编辑室。《新华字典》历经几代上百名专家学者10余次大规模的修订，重印200多次是迄今为止世界出版史上最高发行量的字典。收录汉字从最初版的8 000多字到最新版的11 200多个字。

在线字典提供新华字典在线查字，可通过部首查字、拼音查字2万多个，"新华字典在线查询"是单机版新华字典的补充，为广大网友在线查询汉字提供了方便。

《辞海》①是以字带词，集字典、语文词典和百科词典主要功能于一体的大型综合性辞书。

4．网络电子词典

网络电子词典具有信息量大，检索方便、快捷等特点，深受网民喜爱。电子词典有许多类型，如掌上电子词典（文曲星、快易通、好易通）、在线网络词典（金山词霸网络版、海词在线等）、词典软件（金山词霸单机版、灵格斯词霸）、手机电子词典等。

1）专业性网络字、词（辞）典

专业性网络字、词（辞）典是围绕某一学科领域或专题，提供专有词汇的基本概念、意义和知识信息的字、词（辞）典，如《巴克利金融术语汇编》②《英汉医学词典》③《化工词典》④。

---

① https://www.cihai.com.cn/about/index

② http://www.oasismanagement.com/glossary/

③ https://esaurus.org/

④ http://www.chemyq.com/

2）语言学习类网络字、词（辞）典

这类字、词（辞）典也包括两种类型：一类是传统字、词（辞）典的网络版，如牛津、韦氏、剑桥等推出的在线词典；一类是集成多种字、词（辞）典提供的在线服务。如：

（1）中国译典[①]。中国目前容量最大、功能最全的海量中英文翻译语料库。目前，包括不重复词条近500万条，并与多个网络词典资源链接，内容动态更新，随时补充最新词汇，真正实现一站式服务。

（2）金山词霸在线英汉词典[②]。专业的多语词典，包含词典、短语、翻译等众多在线工具，覆盖几十个专业领域。

（3）在线语义词典[③]。搜索性质的词典网站，收录互联网上900多个在线多语种词典。

（4）在线汉语字典[④]。最全的在线汉语字典，按拼音检索。

（5）有道词典和翻译[⑤]。有道词典免费版支持108种语言翻译，轻松应对日常语种。

5.1.3 年鉴

1. 概念

年鉴是以全面、系统、准确地记述上年度的重要事件、人物、文献、学科进展和各项统计资料为主要内容，按年度连续出版的工具书。年鉴以记事为主，内容包括概况、专题或综述、大事记、统计资料、文献目录、附录等。它所收集的材料主要来源于当年的政府报告、国家重要报刊的报道和统计部门的数据。年鉴集辞典、手册、年表、图录、书目、索引、文摘、表谱、统计资料、指南、便览于一身，具有资料权威、反应及时、连续出版、功能齐全的特点。通过年鉴，可查找几年来国际、国内时事，各部门各行业的进展及各学科专业的研究动态；可查找政府颁布的重要法规文献和逐年可比的统计数据资料；还可查找"机构简介"及著名人物的生平及一些实用的指南性资料等。

例如，在《中国统计年鉴》里可找到居民消费价格指数的概念："居民消费价格指数（Consumer Price Index，CPI），是一个反映居民家庭一般所购买的消费品和服务项目价格水平变动情况的宏观经济指标。它是在特定时段内度量一组代表性消费商品及服务项目的价格水平随时间而变动的相对数，是用来反映居民家庭购买消费商品及服务的价格水平的变动情况。"

2. 年鉴分类

年鉴既是动态性资料和事实、数据的综合性考查工具，也是编制百科全书及其他各类检索工具的基本信息源。在国外各类年鉴中，冠以"yearbook"的较多，如《联合国年鉴》。

---

① http://www.chinafanyi.com/

② http://www.iciba.com/

③ http://www.onelook.com/

④ http://xh.5156edu.com/

⑤ http://www.youdao.com/

按不同的标准可将年鉴划分为不同的类型。

（1）按收录的性质分为综合性年鉴、专业性年鉴和统计性年鉴。

综合性年鉴内容广泛，能比较全面地反映政治、经济、文化等方面的年度进展情况和相关资料，如《中国年鉴》《世界知识年鉴》《中国百科年鉴》。专业性年鉴主要反映某一范围、某一学科或专题的年度进展和相关资料，如《世界经济年鉴》《中国经济年鉴》《中国教育年鉴》。统计性年鉴主要用统计数字说明有关领域或部门的进展情况，如《中国统计年鉴》《中国人口统计年鉴》。

（2）按收录资料的地域范围可分为世界年鉴、国家年鉴和地方年鉴。

世界年鉴涉及多个国家的年度进展情况，国家年鉴反映某一国家的年度进展情况，地方年鉴反映某一省、市、区域的年度进展情况。

（3）按出版状态可分为电子年鉴、统计资料数据库。

此类数据库可帮助我们查找国民经济和社会发展的资料、各国或各个地区的经济资料和统计数字等，而统计年鉴中的数据是最权威和详尽的。

3．常见年鉴

1）中国年鉴网[①]

该网站设有年鉴理论、编撰研究、经营管理、行业信息动态、年鉴机构和人物、年鉴图书及信息资源栏目，为我国各年鉴提供宣传和服务，为我国各级政府及社会提供研究、决策支持及其他年鉴信息服务。

2）中国统计信息网[②]

该网站由国家统计局推出，及时准确发布最新、最全面的统计信息，提供30多个省、市、自治区的统计数据、法规、机构、分析、管理、知识、标准、动态等多方信息。

3）中国年鉴全文数据库[③]

《中国年鉴网络出版总库》是目前国内较大的连续更新的动态年鉴资源全文数据库，内容覆盖基本国情、地理历史、政治军事外交、法律、经济、科学技术、教育、文化体育事业、医疗卫生、社会生活、人物、统计资料、文件标准与法律法规等各个领域。目前，年鉴总计5 350余种，4万本，3 880余万篇。

5.2 掌握事实

事实：指事情的真实情况。我们每天被多种不同来源的信息所包围，如何判断信息真伪和信息可信度？一是分析信息来源和传播渠道；二是查找权威出版机构的出版物（如百科全书、年鉴）和官方网站发布的第一手资料。

---

① http://www.yearbook.cn/

② http://www.tjcn.org/

③ https://kns.cnki.net/kns8？dbcode=CYFD

案例：关于"诺贝尔遗嘱的手稿以及原语种和英译文遗嘱法律文本"。

大英百科全书网站只给出了部分遗嘱，而非全部。也无法看到遗嘱的原语种，如图5-1所示。而诺贝尔奖官方网站①能获取诺贝尔遗嘱的原稿及全文，如图5-2所示。

图5-1　大英百科全书网的诺贝尔遗嘱英译法律文本

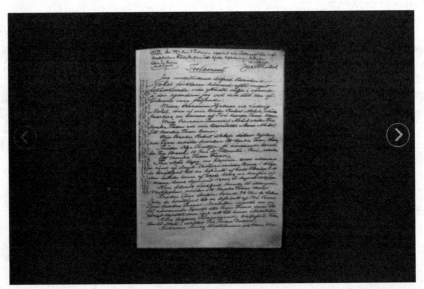

图5-2　诺贝尔奖官方网站的诺贝尔遗嘱手稿

① http://www.nobelprize.org/

5.3 查找性能指标、理化常数和器件参数等

5.3.1 手册概念

手册是指汇集某一方面或某一范围内的基础知识、基本数据、公式、规章条例等以供查阅的工具书。手册也叫指南、大全、便览、必备、入门、宝鉴等。手册所收录的资料通常是已经成为现实的、成功的知识和经验，而不反映当前科技发展的状况，主要为人们提供某一学科或某一方面的基本知识，方便日常学习或生活。手册类工具书通常具有较强的专业性，因此，一般查找性能指标、理化常数和器件参数等就要查找专业性手册。

5.3.2 手册分类

手册根据其收录内容分为综合性手册、专业性手册。按发行形式有传统的单独成册图书，也有专门的数据库。

1. 传统的单独成册的手册工具图书

传统成册的手册有印刷版也有电子版。查找这类手册，首先要获取到这类工具性图书。

实例1：查找焊丝型号和焊剂与熔敷金属性能的对应关系。

查找相关专业的数据手册，由馆藏目录或电子图书数据库找到图书，如《桥梁设计常用数据手册》可查询获取。

实例2：糖精是否允许作为甜味剂被添加到食品中？

如何查找中国对各类食品中使用糖精的限量？由馆藏目录或电子图书馆数据库找到《食品添加剂手册》可查询获取。

有些书名中没有"手册"二字，检索时，"题名"字段要取消"手册"。

2. 数据库

利用很多数据库，可以快速、便捷地获取专业性数据。

数据库Knovel（见图5-3），集成了来自100多家学会和出版社的技术类图书和技术参考资料，8千多种手册类图书，大量工程案例，10万个交互图表，1千多个方程式绘图器。Knovel数据库广泛用于工程领域。该数据库检索免费，查看结果需付费。

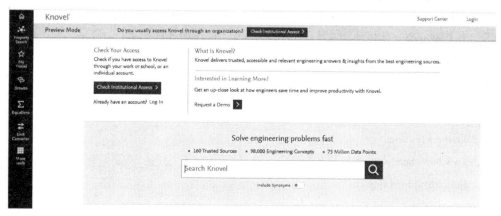

图5-3 数据库knovel界面

除了数据库Knovel之外，还有美国国际金属学会出版的ASM手册，德国出版发行的集成电子版Beilstein/Gemlin CrossFire数据库。

对于化学化工以及相关人员来说，可利用国内的物竞化学品数据库，也可利用国外的Reaxys[①]数据库。

物竞化学品数据库[②]，该数据库已收录基础化学品50 000多种，标准品及标准物质2 000多种，检测试剂盒500多种，是国内最全面的化学品数据平台。物竞数据库是一个全面、专业、专注，并且免费的中文化学品信息库，为学生、学者、化学品研究机构、检测机构、化学品工作者提供专业的化学品平台进行交流。数据库采用全中文化服务，完全突破了中英文在化学物质命名、化学品俗名、学名等方面的差异，所提供的数据全部中文化，更方便国内从事化学、化工、材料、生物、环境等化学相关行业的工作人员查询使用。

Reaxys数据库，是世界上最大的关于有机化学、无机化学和金属化学的数值与事实数据库，可以一次性查出结构式、制备方法、理化常数、光谱数据和药理学数据等（需付费订购使用）。

对于从事技术开发，产品设计相关人员来说，可利用尚唯产品全球样本数据库[③]，该数据收录了丰富的产品样本数据，包括企业信息、企业产品目录、产品一般性说明书、产品标准图片、产品技术资料、产品CAD设计图、产品视频/音频资料等。

5.4 查阅法律文件与司法案例/裁判文书

5.4.1 法律文件

1. 概述

国法：指国家层面发布实施的法律。根据《中国大百科全书》（第2版），狭义的法律，指拥有立法权的国家机关依照一定的立法程序制定或认可的规范性文件。广义的法律，包括宪法、法律和行政法规、地方性法规、自治法规、国际条约等。

2. 法律文件查找途径

（1）图书馆。

（2）全国人大（The National People's Congress of the People's Republic of China）官方网站[④]，进入网页的"法律法规库"，可浏览检索，可免费在线阅读。

（3）商业平台数据库。

①北大法宝[⑤]。

---

① http://www.reaxys.com/

② http://www.basechem.org/

③ http://gpd.sunwayinfo.com.cn/

④ http://www.npc.gov.cn/

⑤ http://www.pkulaw.net/

② 国家法律法规数据库[①]。提供中华人民共和国现行有效的宪法（含修正案）、法律、行政法规、监察法规、地方性法规、自治条例和单行条例、经济特区法规、司法解释电子文本。若国家法律法规数据库提供的电子文本与法律规定的标准文本不一致的，使用时请引用标准文本。

③ 月旦知识库[②]。

④ 中国知网——中国法律知识总库。

⑤ 万方知识服务平台——法规数据库。

⑥ 德文法学数据库[③]。

⑦ 国家图书馆（查询民国时期法律文献）。

3．检索实例

检索查找我国有关"未按照规定对所排放的工业废气和有毒有害大气污染物进行监测并保存原始监测记录的"处罚规定。

检索平台：中国人大网。

操作过程：进入全国人大官方网站，进入"国家法律法规数据"，输入"大气污染"，检索得到"中华人民共和国大气污染防治法"，在该法律文件的第七章可查到所需内容——"由县级以上人民政府生态环境主管部门责令改正，处二万元以上二十万元以下的罚款；拒不改正的，责令停产整治"，检索结果可选用"公报原版"或"WPS版"，还可免费下载。

5.4.2 司法案例和裁判文书

1．查找司法案例和裁判文书的途径或平台

（1）各级法院官方网站，如中华人民共和国最高人民法院[④]、北京法院网[⑤]。

（2）中国裁判文书网[⑥]（需注册登录）。

（3）法院地图导航。

（4）法律专业数据库。

（5）法律快车[⑦]。

（6）中国法院网——审判案件库[⑧]。

（7）月旦知识库、北大法宝、北大法意等。

（8）有的以图书形式出版的印刷版案例汇编等。

---

① https://flk.npc.gov.cn/

② https://lawdata.com.tw/tw/

③ http://beck-online.beck.de/home

④ http://www.court.gov.cn/

⑤ https://bjgy.chinacourt.gov.cn/

⑥ http://wenshu.court.gov.cn/

⑦ http://lawtime.cn/

⑧ http://www.chinacourt.org/

2．检索实例

查找"中国生物多样性保护与绿色发展基金会"的裁判文书。

检索平台：北大法宝数据库。

检索字段：当事人。

检索词：中国生物多样性保护与绿色发展基金会。

操作过程：进入网页，高级检索，选择"司法案例"中的"案例报道"，输入当事人名称，得到检索结果10条记录（检索时间：2021年8月15日），检索结果可浏览、下载。

5.5 获取统计信息

5.5.1 概述

1．定义

统计数据是数据型信息，是反映社会发展变化、动向和趋势的各种统计数字、统计数据、统计资料的总称，它往往以客观和直观的数据、图形等形式反映某一地区、某一国家在某一时期内各行各业的发展变化、动向和趋势。

2．内容

统计信息中绝大部分是经济数据，分为统计数字、统计数据和统计资料。

统计数字：是在对社会和社会经济现象进行有目的的调查的基础上，经过分析、筛选，编成的有序化数字性特殊资料。从经济领域看，有人口、财产、国民收入和分配、社会产品生产、商品流通、物资供应、财政、金融、进出口贸易、市场行情、人民生活、物价等方面。

统计数据：主要指社会经济研究方面经常使用的一些经济参数、常数等，具体来说，包括理论数据、实验数据、数字数据和预测数据等。

统计资料：统计调查活动的结果，通过统计活动得到反映社会、经济、科学技术发展情况的统计信息的总称。它包括原始调查资料和经过分析的综合统计资料；以统计表形式提供的数据资料和以统计报告形式提供的文字、数字和图表资料；由统计机构和统计人员直接进行调查所取得的统计资料和由财务会计机构、业务管理机构及其有关人员根据统计调查制度的要求整理提供的统计资料；以书面形式或文件形式提供、传输或保存的统计资料。

3．特点

数据性。一般经济信息有数据形式也有文字形式，但数据型经济信息都是数据资料。

大量性。通过大量现象或同类现象观测所取得的数据资料，而不是反映个别现象。

具体性。是既成事实的记载，而不是提议中的数据资料。

保密性。绝大多数统计信息都有保密性。

4．公布方式

社会经济统计数据是数据型信息，主要来源有企事业单位、部门统计机构、政府统计机构、国家统计局的统计数据。现在一般都有印刷和网络统计两种公布方式。

5.5.2 国内统计信息获取途径或平台

1.政府统计数据检索

1）各级政府官方网站

在我国，可登录访问中央人民政府网站以及各级地方人民政府网站。例如，可查找我国中央人民政府网站中的"数据"获取我国政府统计的有关信息。

2）国家统计局

我国国家统计局网站提供了有关数据解读、统计制度、统计标准、指标解释、统计公报、统计出版物、统计动态、统计公告、统计百科、统计词典、统计刊物等非常丰富的内容。

3）查询案例

查询改革开放以来，我国水稻产量。

检索平台：国家统计局网站。

操作过程：进入网页界面—点击"统计数据"中"统计出版物"—"中国统计年鉴2020"—选择"12-10 主要农产品产量"，即可获取我国至1978年以来水稻产量，如图5-4所示（检索时间：2021年8月16日）。

图5-4 检索实例：查询我国1978年以来水稻产量结果

2.商业数据库

1）国务院发展研究中心信息网

"国务院发展研究中心信息网"（简称国研网）是以国务院发展研究中心丰富的信息资源为依托，全面整合中国宏观经济、金融研究和行业经济领域的专家资源及其研究成果的大型经济类专业网站，是向研究人员和投资决策者提供经济决策支持的信息平台，该平台一般链接在已购买机构的相关网页。

2）中国知网中的中国经济社会大数据研究平台[①]

"中国经济社会大数据研究平台"作为中国知网大数据碎片化抽取与分析的应用产品，数字化整合国内外权威机构发布的数据资源，实现了数据的采集、清洗、挖掘和可视化，是

---

① https://data.cnki.net/

一个集数据查询、数据挖掘分析、决策支持及个人数据管理于一体的综合性宏观统计数据服务平台。为用户提供数据资源获取与数据分析处理的一站式服务。目前累计数据8亿余条，覆盖32个行业，涉及核心统计指标256余万个。

3．行业部门统计数据

1）金融统计数据[①]

在我国，金融统计数据主要是指中国人民银行公布的各种金融统计数据，内容包括金融机构人民币信贷收支表、货币当局资产负债表、汇率报表、黄金和外汇储备表、交易所政府债券交易月度停机表、外汇交易统计表、全国城镇居民收入与物价信心指数表。

2）进出口统计数据[②]

进出口统计数据由国家商务部提供，内容包括进出口统计、机电产品进出口统计、科技进出口统计、利用外资统计、国外经济合作统计、台港澳统计和宏观经济统计。

3）各行业统计数据

海关统计数据[③]，提供海关总署综合统计司发布的贸易统计数据资料。

税务统计数据[④]，提供国家税务总局公布的统计数据。

保险统计数据[⑤]，中国银行保险监督管理委员会提供的自1999年以来的保险公司经营状况数据查询。

5.6 查找名录信息

5.6.1 名录

1．定义

名录，英文为Directory，是一类提供有关人名、机构名称和地名等基本情况和简要资料的工具。通过名录，可以查找有关人物生平、机构组织和某一行政区划沿革等信息。当然，除了名录，其他工具书，如百科全书、年鉴和旅游指南等也含有丰富的名录资料。

2．分类

根据收录内容，名录可分为机构名录、人名录和地名录。

5.6.2 机构名录

1．机构名录内涵

机构名录收录的内容是机构名称及概况，如组织结构、业务、地址、职能、人员等信

---

① http://www.pbc.gov.cn/

② http://www.moftec.gov.cn/

③ http://www.customs.gov.cn/

④ http://www.chinatax.gov.cn/

⑤ http://www.cbirc.gov.cn/

息。机构名录的主要作用就是帮助我们迅速得到有关组织机构的简要信息：机构全称、地址、邮编、电话号码；机构历史、近况、性质、活动范围；机构规模、人事情况；业务介绍、服务项目及出版物等。

2．机构类型

机构泛指机关、团体、学校、工商企业、政府机构和国际组织等，也包括机构内部组织系统。在互联网上机构分为6类：

科研机构，以"ac"为后缀，如中国科学院[1]。

商业机构，以"com"为后缀，如万科集团[2]。

教育机构，以"edu"为后缀，如四川轻化工大学。

政府机构，以"gov"为后缀，如中华人民共和国教育部。

非营利性组织和国际组织，以"org/int"为后缀，如欧洲联盟[3]。

网络支持中心和军事机构，以"net/mil"为后缀，如中国互联网信息中心[4]。

3．机构名录检索

机构信息的检索工具一般是指数据库，其包括各类机构名录数据库、人物传记数据库、产品数据库、软件数据、研究开发数据库、基金数据以及院校、科研机构数据库等。

1）院校、科研机构检索

院校、科研机构可检索信息内容有：学校、科研机构的组织机构，人员机构及人才优势、院系设置、教学计划和科研规划；研究中的科研活动介绍、获奖情况、论文发表数量、重点研究方向及一些课题简介、新成果、新产品介绍、学术团体会议信息；招生、合作信息；远程教育课程的内容及下载，FTP文件等；提供检索功能信息服务及馆藏资源的网上再现及服务方式，联机公共查询或有时间限制的免费信息资源查询等。

（1）高校网站大全，如高校网址大全[5]、高考网[6]、中国高校教育网[7]，可按院校名、地区、院校类型检索。

（2）中国企业集成，该网站不仅可以检索全国各地企业的科研单位，还可检索国外企业、国家政府机构、省市政府机构、电子商务、经济网站、热点网站等机构信息。

（3）专门的数据库。

① 维普数据库中的"学术机构"，可按机构名、地区、学科检索。

② GradSchools.com[8]，是一个专门为希望继续读研的学生提供咨询服务的网站，可免费

---

① http://www.cas.ac.cn/

② http://www.vanke.com/

③ https://european-union.europa.eu/

④ https://www.cnnic.net

⑤ http://u.feelingmsg.com/u/

⑥ http://college.gaokao.com/

⑦ https://www.gaoxiao.org.cn/

⑧ https://www.gradschools.com/

检索在线的研究所、院校机构资源。

（4）利用搜索引擎检索。

2）工商企业机构信息检索

工商企业机构可检索信息内容有：公司（企业）的组织机构、法人信息、股东信息、人事状况、发展规划、年度报表；公司新闻、最新产品开发信息及科技成果；公司全部产品的价格性能、外观、技术指标和销售渠道分布、销售体系；公司（企业）改制登记情况、产权交易情况；公司服务体系以及公司的联系方式、联系人信息等。

（1）相关企业大全网站，如中国企业信息网①、中国企业名录网②、全球黄页网③等。

（2）中国企业集成。

（3）商业数据库。

中国资讯行④，需付费使用。

EBSCO数据库中的《公司名录检索》，需授权使用。

3）商业网站信息检索

商业网站可检索的信息有商业机会、供求信息、公司数据局、产品展示、行业咨询和商业服务等。

（1）阿里巴巴⑤，全球最大的网上交易平台。

（2）中国国际电子商务网⑥，我国商务部主办，主要提供电子商务和电子政府服务。

（3）世界买家网⑦，提供大量的世界进口商信息。

（4）中国供求网⑧，专业性的供求信息发布和查询网站。

4）国际组织和政府机构信息检索

站点一般后缀为org/int/gov，查询此类机构获取的信息有：组织机构、人事状况、发展规划；新闻、最新政策法规和统计信息；机构职能、重要会议、重要决定和工作情况；机构服务体系和联系方式等。此类信息更新及时，信息权威，一般以浏览为主。

（1）国际组织检索。

①联合国⑨及其拥有的国际组织。

联合国是世界上最大的国际组织和政府机构。该网站有中、英、法、德、俄等多种语言版本，主要内容包括联合国组织、宪章、宗旨、机构、预算、联合国大家庭。

---

① http://www.qyxxw.com/

② http://shenzhen3037287.cn.cnlinfo.net/

③ http://www.21page.net/

④ http://www.infobank.cn/

⑤ http://china.alibaba.com/，http://www.alibaba.com/

⑥ http://www.ec.com.cn/

⑦ http://importers.todaytex.com/

⑧ http://www.gongqiu.biz/

⑨ http://www.un.org/

② 密歇根大学国际组织[①]（Directory Of Internations From University Of Michigan），该网站详细介绍世界各种国际，按国际组织字母顺序检索。

例如：检索亚太经合组织（Asia-Pacific-Economic-Cooperation，APEC）按字母APEC顺序，即可找到APEC的超链。

③ 中国科学院国际组织[②]。介绍世界著名的国际组织与科学研究相关的国际组织，每个国际组织介绍它的国际组织类别、成立日期、总部地址、网址、性质、宗旨、职能与任务、会员情况、组织机构简介、经费来源、合作与活动、我国参加组织情况、资助情况、通讯地址等。

（2）政府机构检索

① 中国政府网，该网站还链接中国各级地方政府网站。

② 中国法院网。

③ 英国议会[③]。

④ 美国国会[④]。

5.6.3 人名录

1．人名录内涵

人名录收录并简要介绍有关人物的生卒年、籍贯、学历、经历、代表性著作及在世人物的联系地址、电话等实用性资料的工具书。

2．人名录检索

查找人物传记常用途径：

（1）百科全书（印刷版+电子版）（如中国知网）。

（2）连续出版的传记类图书（这类图书每年更新）。

例如，*International who in popular music*（2011）、*International who in classical music*（2011）、*who's who in Fluorescience*（2009）、*who's who in Fluorescience*（2008）、*who's who in American*（2008）、*who's who in Design*。

（3）传记类图书、人物志和人物辞典（这类图书更新不固定）。

例如，*African American Firsts in Science & Technoligy*、中共党史人物传、中国历史人物辞典。

（4）史实类专著、教材和记录历史事件的出版物。

例如：Gale出版社出版的*American Decades Primary Soures* 1990—1999，每10年出版一本，真实记录上一个10年，美国信息相关的重要事件人物以及美国的日常生活。

---

① http://www.lib.umich.edu/

② https://www.cas.cn/yqlj/gjzz/

③ http://www.parliament.uk

④ https://www.congress.gov/

（5）官方网站（对人物较准确的介绍）。

例如，诺贝尔奖官网对诺贝尔的介绍。

（6）搜索引擎。

搜索引擎可以免费查找所有感兴趣的人物传记，检索速度快，但需分辨检索结果的准确性。

（7）人物传记数据库。

例如，Gale数据库[①]的Biography In Context，来源于世界700多种正式出版物的人物传记、期刊、报纸等，揭示世界上有影响的人物传记，但是需要付费订购才能访问。

5.6.4 地名录

地名录提供有关地名的正确名称（或译名）、所在地域、地理位置等的工具书，如《世界名录》《中华人民共和国地名录》等。

5.7 查找学习、考研、留学、就业信息

5.7.1 学习考试类信息检索

1. 学习考试类信息资源内容及特点

公共考试、竞赛的权威信息一般来自官方网站，通过官方网站，可以了解考试的政策、时间、命题原则与范围、历年真题等。

这类信息有如下特点：

（1）使用人数越多的信息资源，免费获取的可能性就越大，反之越少。例如，考研的公共课，无论是历年真题还是最新辅导材料、考试大纲，均可在网络上免费获取，而专业课资料获取较难，一般需要到所报考学校的研究生院（部）咨询购买，有些学校不提供历年专业课真题。

（2）收集网上学习考试信息要注意阶段性。以考研为例，报考前主要是收集各单位的招生简章、专业目录、参考教材；确定报考后获取考试复习资料；成绩公布后要关注复试信息和调剂信息。

（3）网上查找学习考试类信息是一种渠道，还可以采用与老师交流、打电话、上门咨询等多种途径进行收集。

2. 学习考试类信息获取查询途径

四、六级考试委员会网站[②]可以进行英语四六级报名和成绩查询。

新浪教育[③]，可查询获取有关高考、考研、自考、公务员、成考、司考、会计、托福、雅思、四六级、GRE、出国、留学、移民、外语、公开课试题库和考研调剂等相关信息。

---

① https://www.gale.com/intl/about

② http://cet.neea.edu.cn/

③ http://edu.sina.com.cn/

搜狐教育[①]，可查询获取有关高考、考研、公务员、在职硕士、司法考试、会计、出国、留学、商学院、远程教育、外语培训和IT培训等相关信息。

腾讯教育[②]，是中国用户量最大的教育门户网站，它将国内外优秀教育信息资源和强大的产品服务紧密结合，下设考试、外语、出国、校园、博客等栏目，是在校学生或在职人员在线学习的理想平台。

网易教育[③]，可查询获取有关高考、考研、公务员、就业、论坛、博客排行等相关信息。

大家论坛[④]，设置了几十种考试论坛，如考研信息、政治、英语、数学、考研医学、经验交流等。

5.7.2 网上免费课程类信息检索

1. 网络课程信息资源内容和特点

除了本校的课程内容，还可以关注同类课程的国家精品课程以及国外名牌大学的公开课程，学习借鉴别人的讲稿、课程要求与阅读材料、授课视频、作业与考试，成绩评定标准等。学生通过网络课程的学习可以拓展学习视野，从而实现自主学习。教师通过网络课程的学习，可以丰富教学素材，提高教学效果。

2. 课程信息资源获取途径

爱课程[⑤]，国内精品课程网，可按课程名称、主讲人、学校进行查找，也可分类浏览。

Metel[⑥]，国外开放课程，收录美、英、加、澳等国300余所著名高校的教学资源，每个课程有讲义、课件、音频、视频、教学图片、教学案例、阅读材料、作业、习题答案、试卷等资源。

网易公开课[⑦]和新浪公开课[⑧]提供了丰富的视频课程资源，并配有中文字幕。

5.7.3 考研信息检索

1. 考研信息

考研信息包括研究生报名、复习、笔试、面试、录取以及考试政策等方面的信息。考研信息的收集贯穿于考研备考的各个阶段。

2. 考研考试信息查找

中国研究生招生信息网[⑨]，是隶属于教育部的以考研为主题的官方网站，是教育部唯一

---

① http://learning.sohu.com/

② https://new.qq.com/ch/edu/

③ http://edu.163.com/

④ http://club.topsage.com/

⑤ http://www.icourses.cn/home/

⑥ http://www.metel.cn/

⑦ https://open.163.com/

⑧ https://open.sina.com.cn/

⑨ https://yz.chsi.com.cn/

指定的研究生入学考试网上报名及调剂网站，主要提供研究生网上报名及调剂、专业目录查询、在线咨询、院校信息、报考指南和考试辅导等多方面的服务和信息指导。它既是各研究生招生单位的宣传咨询平台，又是研招工作的政务平台，它将电子政务与社会服务有机结合，贯穿研究生招生宣传、招生咨询、报名管理、生源调剂、录取查询整个工作流程，实现了研究生招生信息管理一体化。同时，网站上提供多渠道功能链接，包括学历查询、学籍查询、学历认证、在线验证等。

中国考研网[1]，设有"考研信息""院校平台""考研调剂""考研论坛""考研问答""考研辅导班""考研资料""考研书城"等多个频道。

中国教育考试网[2]，发布国家统考科目大纲，一般发布时间为每年的7—9月。

中国教育在线考研频道[3]，发布国家统考科目历年试题及参考答案。

3．部分考研辅导培训机构

中国大学MOOC（慕课）[4]、万学教育考研[5]、启航考研[6]、文都考研[7]、考研帮[8]……

5.7.4 留学信息检索

对于有留学需求的学生，需要解决以下几个问题：一是去哪里留学；二是选择哪所学校及学科专业；三是如何选择导师；四是申请留学的程序和条件有哪些；五是如何准备相关文书。

1．去哪里留学

很大程度上取决于个人的喜好决定去哪里留学。一般地，不同国家教育体制、学费标准不同，可以通过搜索引擎了解留学国家及其高等教育的情况。

2．选择学校和学科专业

可以参考各地大学排名来确定学校的选择，如Tims网站[9]和U.S.News网站[10]推出的世界各地大学排名，可信度比较高，可作为选择学校或者专业的参考依据。

学校确定之后，根据学校的官方网站推出的信息确定学科专业。

3．导师选择

可通过搜索引擎或者上面提到的网站找到该专业的学科导师信息。

---

[1] http://www.chinakaoyan.com/

[2] http://yankao.neea.edu.cn/

[3] http://zhenti.kaoyan.eol.cn/

[4] https://www.icourse163.org/

[5] http://kaoyan.wanxue.cn/

[6] http://www.qihang.com.cn/

[7] http://kaoyan.wendu.com/

[8] http://www.kaoyan.com/

[9] https://www.timeshighereducation.com/world-university-rankings

[10] https://www.usnews.com/education/best-global-universities

4．申请留学的程序和条件

国家留学网[①]（留学资助、管理）；

中国留学网[②]（最新留学资讯）；

教育部教育涉外监管信息网[③]（各国院校资质信息）。

5．留学文书的准备

不同学校对留学文书有不同的要求，在撰写文书之前，首先需要到所申请学校的官方网站查询对留学文书的要求。明确后，可通过搜索引擎输入"留学文书"或"留学文书模板"，查找一些留学文书的范本来参考。

5.7.5 就业信息检索

在信息社会，就业竞争在一定程度上就是信息量的竞争。就业信息是求职的基础，是择业决策的重要依据，也是顺利就业的可靠保证。就业信息可以从以下途径检索获取。

1．通过相关主管部门查询就业信息

中国人力资源市场网[④]，是由国家人事部主办，面向社会提供人事人才政策咨询和人才服务的公益性网站。

中国国家人才网[⑤]，是人事部全国人才流动中心主办的全国高级人才网站，提供网络招聘、查询、求职、招聘会、报纸广告等信息。

中国就业网[⑥]，是由劳动和社会保障部主管，中国劳动市场信息网监测中心主办，并向社会各界提供劳动力市场政策咨询和就业服务的公益性网站。

行业部委网，如中国铁路人才招聘网[⑦]，发布专业铁路人才需求信息。

2．通过相关企业查询就业信息

企业名录信息来源于各种信息渠道，主要网站和数据库如下：

中国企业集成、商业搜索引擎[⑧]、公司信息数据库[⑨]、中国行业研究网[⑩]、国家企业信用信息公示系统[⑪]、中国产品信息网[⑫]。

[①] http://www.csc.edu.cn/

[②] http://www.cscse.edu.cn/

[③] http://www.jsj.edu.cn/

[④] http://chrm.mohrss.gov.cn/

[⑤] http://www.newjobs.com.cn/

[⑥] http://chinajob.mohrss.gov.cn/

[⑦] https://rczp.china-railway.com.cn/

[⑧] http://www.accoona.com/

[⑨] http://www.corporateinformation.com/

[⑩] http://www.chinairn.com/

[⑪] http://www.gsxt.gov.cn/

[⑫] http://www.chinadbs.com/

5.7.6 公务员考试

公务员考试信息主要包括公务员报考指南、各地招考信息、经验交流、政策咨询和试题集锦等信息。

1. 报考和录取阶段信息查询

国家公务员考试网①，发布国家公务员考试相关招考信息、报名公告、复习资料的专业性公务员招考网站。

各省、市、区的人事考试网，如四川省人事考试网②，提供四川省所辖市州的招考信息。

2. 部分公务员考试相关网站

中公教育③、华图教育④、无忧考网的公务员考试频道⑤。

5.8 查找其他信息

5.8.1 网络购物信息检索

随着电子商务的发展，网上营销、网上购物已成为一种趋势。作为消费者，购物成功的关键是对产品与卖家信息的了解。查找产品信息与卖家信息的途径有搜索引擎、购物网站、买家评议等。

（1）利用购物搜索引擎搜索信息。这类搜索引擎与一般网页搜索引擎不同，主要在于除了搜索产品、了解商品说明等信息，通常还可以进行商品价格比较，并且可以对产品和在线商店进行评级，如搜狗购物搜索⑥。

（2）利用专业性门户网站搜索产品信息。如进入百安居⑦、华润万家⑧等经营家具装饰装修产品的商业连锁集团网站，通过浏览器查询所需产品。

（3）利用购物网站搜索商品信息，如当当网⑨、卓越网⑩、唯品会⑪等。

---

① http://www.gigwy.org

② http://www.151rs.com

③ https://www.offcn.com/

④ http://www.huatu.com/

⑤ http://www.51test.net/gwy

⑥ http://gouwu.sogou.com/

⑦ http://www.bthome.com.cn/

⑧ http://www.crv.com.cn/

⑨ http://www.dangdang.com/

⑩ http://www.amazon.cn/

⑪ http://www.vip.com/

（4）利用团购网搜索产品信息，如拉手网[①]、美团网[②]、大众点评网[③]等。

（5）利用贴吧、论坛、博客搜索产品评价信息。

5.8.2 类书

1．概念

类书就是采撷群书，辑录各门类或某一门类的资料，随类相从而加以编排，以便于寻检、征引的一种参考工具书。类书与百科全书有相似之处，但类书主要是汇集古籍中的史实典故、名物制度、诗赋文章、骈词丽语等有关资料的片段，有时也把整篇作品收入，有的也加以概述，或加按语辨释考证。

2．典型例子

《北堂书钞》《永乐大典》《艺文类聚》《太平御览》《古今图书集成》等。

5.8.3 政书

1．概念

政书指主要记载典章制度沿革变化及政治、经济、文化发展状况的专书。

2．典型例子

《通典》是中国现存最早的一部政书，是中国第一部全面系统记载我国历代典章制度的专著。

5.8.4 表普

1．概念

表普是以表格、谱系、编年等形式反映历史人物、事件、年代的工具书。

2．实例

《中华人民共和国大事记》《春秋长历》《中国历史人物生卒年表》《中国历代年号索引表》《中国历史朝代》等。如《中国历史朝代》可查询中国各朝代时间段，都城，地址等信息，其网址为http://114.xixik.com/chaodai/。

[①] http://www.lashou.com/

[②] http://www.meituan.com/

[③] http://www.dianping.com/

第 6 章

开放资源检索

6.1 网络学术资源分类

6.1.1 网络学术资源分类

在学习和生活中，访问一些网络学术资源时，需要用密码登录、认证授权等。这说明网络学术资源分为商业性资源和开放资源。

商业型资源（Commercial Resources），需付费订购才能使用，国际上有影响力的一些学术资源，如中国知网、Elsevier、Springer、Wiley、Taylor & Franics它们出版的资源占到了全球出版业的一半以上。

开放获取资源（Open Access Resources），是无须订购，免费使用的资源。

6.1.2 网络学术资源开放发展趋势

2016年1月，Emerald的出版公司对被该数据库收录论文的1 000多位作者，进行了一项关于学术交流的调查：98%的被调查者通过传统出版发表成果，18%的被调查者使用开放获取的途径进行出版。可见，传统的商业出版仍然是目前学术出版的主流模式。

但是，开放获取资源也逐渐成为未来学术研究不可或缺的重要资源，尤其在生命学科、医学、数学、物理等领域尤为突出。

随着开放资源存取运动的发展，不少商业出版公司推出了相应的开放获取资源政策。例如，Elsevier推出了相应开放获取资源，目前达到140万篇（检索时间：2021年9月10日）。

6.2 开放存取资源

6.2.1 什么是开放存取

根据2002年签署的《布达佩斯开放获取宣言》，开放存取（Open Access，OA）是指通过公共网络可以供所有用户免费使用，包括阅读、下载、复制、传递、打印、检索全文信息。简单地说，"Free Availability and Unrestricted Use"，即免费获取，不限制使用。

6.2.2 开放资源分类

从用户利用的角度，开放资源可分为三种。

1．开放存取期刊

（1）包括非营利组织，如美国科学公共图书馆出版的期刊PLOS期刊[1]。

（2）商业机构，如Biomed Central出版的生物医学期刊[2]。

2．开放存取仓储

（1）机构仓储。比如，哈佛大学的DASH[3]，注册账号，登录可获取全文。

（2）学科仓储。

Arxiv[4]（发音同"archive"）于1991年由美国洛斯阿拉莫斯国家实验室建立，2001年转由康奈尔大学维护。它是世界上第一个预印本数据库，是物理、数学、计算机以及相关领域专家、学者经常使用的文献宝库，既包括未正式出版的预印本（Preprint），也收录已出版的同行评审期刊的印后本（Postprint），可在线浏览或下载全文。

经济科学的Repec[5]，可下载全文。

认知科学的Cogprints[6]，可下载。

3．整合资源门户类检索类资源。

（1）DOAJ[7]，瑞典隆德大学图书馆维护的开放存取多学科目录，8 863种期刊，可下载全文。

（2）Free Medical Journals[8]，收录了医学类期刊4 800多种。

（3）集成开放存取仓储的门户网站OpenDOAR，英国诺丁汉大学维护的开放存取仓储目录，目前已收录3 000多个开放存取仓储，可在线阅读。

从出版形式的角度，开放资源有OA期刊、开放存档、电子预印本、开放获取搜索引擎。

6.2.3 开放存取资源获取

开放资源起初较多是期刊论文，后来包括了更多的文献类型。

---

[1] https://plos.org/

[2] https://gateways.biomedcentral.com/china/

[3] https://dash.harvard.edu/

[4] https://arxiv.org

[5] http://repec.org/

[6] http://cogprints.org/

[7] https://doaj.org/

[8] http://www.freemedicaljournals.com/

6.2.3.1 开放资源——国外篇

1. 图书

（1）联合目录：World Cat[①]，收藏170个国家和地区的72 000个图书馆的馆藏。

（2）Doab[②]，收录4 000多种图书，可在线阅读，可下载。

（3）古腾堡项目[③]，收录6万多种图书，1971年建立，以文学为主，也有医学、自然科学领域图书，有些提供Kindle版本，可在线阅读，可下载。

（4）美国国家学术出版社[④]，美国科学院下属出版机构，收藏5 000多种图书，绝大多数提供PDF版本免费下载。

（5）百科全书网[⑤]。

2. 课程资料

学习资源：MIT开放课程资料[⑥]，全球最早公开大学课程资料。

3. 政府出版物

各国政府网站开放信息，如美国政府网[⑦]、英国政府网[⑧]等。

4. 学位论文

PQDT：全球最大博硕士论文库，本身是商业资源，其中PQDT.OPEN[⑨]，收录了开放存取学位论文。

5. 科技报告

美国政府报告[⑩]，收录了美国政府立项研究及开发的项目报告，可以检索1964年以来美国政府的四大报告（AD报告、PB报告、NASE报告、DOE报告）的文摘索引信息，少量收录西欧、日本、中国等地区和国家的科学研究报告。

6. 学术期刊

（1）美国科学公共图书馆出版的期刊PLOS期刊。

（2）Biomed Central出版的生物医学期刊[⑪]。

（3）Arxiv。

---

① https://www.oclc.org/zh-Hans/worldcat.html

② https://www.oapen.org/

③ https://www.gutenberg.org/

④ http://www.nap.edu/

⑤ http://encyberpedia.com/

⑥ https://ocw.mit.edu/

⑦ https://www.state.gov/

⑧ www.gov.uk

⑨ https://www.library.ucsb.edu/node/6113

⑩ http://search.proqust.com/ntis/index

⑪ https://gateways.biomedcentral.com/china/

（4）经济科学的Repec。

（5）认知科学的Cogprints。

6.2.3.2 开放存取资源——国内篇

1．图书

中国国家图书馆，普通用户注册账号后有条件地使用一定量的资源。

2．学位论文

中国国家图书馆中的"博士论文"。

3．政府出版物

中华人民共和国中央人民政府及各人民政府网站。

4．权威统计数据

中华人民共和国国家统计局。

5．学术期刊

中国科学网络版。

中国光学期刊网。

民国晚清期刊全文数据库。

大成旧期刊全文数据库[①]。

中国国家图书馆的民国期刊。

汉斯出版社[②]。

6．科技论文检索

中国科技论文在线[③]，2003年成立，由教育部科技发展中心支持，但没有同行评审。

Socolar平台[④]，中国教育图书进出口公司开发。

7．科技报告全文

国家科技报告系统，2014年上线。由科技部开发建设，包括科技部自然基金委、交通运输部等国家部委资助的项目所撰写的科技报告，检索和浏览报告摘要等，浏览全文时需实名注册。

8．专利检索以及商标检索

国家知识产权局。

9．标准文献

中华人民共和国生态环境部[⑤]。

[①] http://www.dachengdata.com/

[②] https://www.hanspub.org/

[③] http://www.paper.edu.cn/

[④] http://www.socolar.com/

[⑤] https://www.mee.gov.cn/

国家工程建设标准化信息网[①]。

中华人民共和国国家卫生健康委员会[②]。

国家标准全文公开系统，这个网站提供强制性标准和推荐标准全文免费下载。

10. 法律文件查找

全国人大（The National People's Congress of the People's Republic of China）官方网站，进入网页—法律法规库，可浏览检索，可免费在线阅读。

北大法意。

中国国家图书馆（查询民国时期法律文献）。

11. 司法案例和裁判文书

我国最高人民法院以及各级法院官方网站。

6.2.4 开放资源发展趋势

从全球来看，不少国家政府、大学及研究机构、基金机构推动开放资源，如美国国家健康研究院和英国研究理事会，强制要求其所支持的公共项目研究成果在一定时间内开放存取，以促进科学交流与科学发现。

2014年5月，中国科学院和国家自然科学基金委联合发表政策声明：受公共资金资助的科研项目论文在发表后12个月内实施开放存取，以促进中国科研成果的公开、共享。

因此，作为用户可以有更多开放资源使用；作为研究人员或未来研究人员，有责任了解这些开放存取政策，积极支持开放存取和科学交流。有研究表明，开放存取资源平台发布研究论文，可以尽早宣布知识发现的优先权，提高文献被发现率和引用率。

6.3 搜索引擎

网络就是一个巨大的信息资源库，但要从这个信息海洋中准确、迅速地找到并获取所需信息，比较困难。而搜索引擎（Search Engine）就是利用网络信息资源检索与利用的核心工具，搜索引擎的出现，逐渐改变了我们的生活习惯和思维方式，很多问题只要"搜一下"就"知道"或者"可获取"。因此，搜索引擎成为网络时代的"日用品"。利用搜索引擎可获取图片、文档、视频、学术资料等信息。

6.3.1 搜索引擎概述

1. 概念

搜索引擎是指根据一定的策略、运用特定的计算机程序从互联网上收集信息，在对信息进行组织和处理后，为用户提供检索服务，将与用户检索相关的信息展示给用户的系统。

---

① http:// www.ccsn.org.cn

② http://www.nhc.gov.cn/

2．工作原理

搜索引擎作为检索和利用互联网上信息资源的中介，其工作原理仍然符合计算机信息检索的工作原理：对信息集合和需求进行匹配，它一方面需要从互联网信息资源中采集信息，另一方面需要构建与主题搜索相关的索引数据，提供检索接口，反馈用户所需信息。一个搜索引擎由搜索器、索引器、检索器和用户接口4个部分组成。

搜索器的功能是在互联网上漫游，发现和收集信息。搜索引擎的信息自动收集功能分为两种：一种是定期搜索，对一定IP地址范围内的互联网站进行检索，一旦发现新的网站，将自动提取网站的信息和网址加入自己的数据库；另一种是提交网站搜索，即网站拥有者主动向搜索引擎提交网址，搜索引擎在一定时间内向其网站派出Spider程序，扫描其网站并将有关信息存入数据库，以备用户查询。

索引器的功能是理解搜索器所搜索的信息，从中取出索引项，用于表示文档以及生成文档库的索引表。

检索器的功能是根据用户的查询在索引库中进行匹配，快速检索出文档，进行文档与查询的相关度评价，对将输出的结果进行排序，并实现某种用户相关性反馈机制。

用户接口的功能是输入用户查询内容，显示查询结果、提供用户相关性反馈机制。它的主要目的是方便用户使用搜索引擎，高效率、多方式地从搜索引擎中得到有效、及时的信息，用户接口的设计和实现使用人机交互的理论和方法，以充分适应人类的思维习惯。

6.3.2 搜索引擎分类

6.3.2.1 根据数据检索内容划分

1．综合型搜索引擎

综合型搜索引擎在采集标引信息时不限制资源的主题范围和数据类型，又称为通用型检索工具。例如，常见的Google、百度、搜狗、360搜索等。

2．专题型搜索引擎

专题型搜索引擎专门采集某一主题范围的信息资源或某一类型信息，并用更为详细和专业的方法对信息资源进行描述，适用于较具体而针对性强的检索要求。

（1）比价购物搜索引擎[①]。

（2）微博搜索引擎[②]。

（3）旅行搜索引擎[③]。

（4）生意定向搜索引擎[④]。

[①] http://s.manmanbuy.com/

[②] http://s.weibo.com/

[③] http://www.tripadvisor.com/

[④] http://www.business.com/

3．特殊型搜索引擎

特殊型搜索引擎是指专门用来检索图像、声音等特殊类型信息和数据的检索工具，如查询地图及图像的检索工具，如SOOGIF中文动图搜索网站[①]。

6.3.2.2　根据工作原理划分

1．全文搜索引擎

全文搜索引擎是目前广泛应用的主流搜索引擎，国外的代表有Google，国内则有百度。从搜索结果来源的角度，全文搜索引擎分为两种：一种是拥有自己的检索程序（Indexer），俗称"蜘蛛"（Spider）程序或"机器人"（Robot）程序，它能自建网页数据库，搜索结果直接从自身的数据库中调用，如百度、Google；另一种是租用其他引擎的数据库，并按自定的格式排列搜索结果，如国外的Lycos引擎。

2．目录索引

目录索引，顾名思义就是将网站分门别类地存放在相应的目录中，用户在查找信息时，可选择关键词搜索，也可按分类目录逐层查找。

目前，搜索引擎与目录索引有相互融合渗透的趋势。原来一些纯粹的全文搜索引擎现在也提供目录搜索，如Google就借用Open Directory目录提供分类查询。而像雅虎这些老牌目录索引则通过与Google等搜索引擎合作扩大搜索范围。在默认搜索模式下，一些目录类搜索引擎首先返回的是自己目录中匹配的网站，如搜狐、新浪、网易等；而另外一些则默认的是网页搜索，如雅虎。

目录索引式搜索引擎的特点是搜索的准确率较高。

3．元搜索引擎

元搜索引擎又称多搜索引擎，通过一个统一的用户界面帮助用户在多个搜索引擎中选择和利用合适的（甚至是同时利用若干个）搜索引擎来实现检索操作，是对分布于网络的多种检索工具的全局控制机制。常用的元搜索引擎有WebCrawler、Dogpile等。

6.3.3　一般搜索引擎

6.3.3.1　一般搜索引擎概述

目前的搜索引擎都具备以下功能：

（1）按分类浏览的功能。

（2）按关键词进行检索，也具备一般检索的套路，基本检索、高级检索，支持逻辑运算、默认全文搜索。

（3）互动功能。

搜索引擎本质上也是一种数据库检索，因此，针对数据库的检索策略，对搜索引擎几乎都可以使用。如果检索熟练，可以直接使用表6-1的检索策略。

---

① http://www.soogif.com/

表6-1 搜索引擎检索策略组配方式

要 求	策 略	实现方式
组配关系	逻辑与	AND、+或者空格
组配关系	逻辑或	OR或者|
	逻辑非	NOT或者—
	精确匹配	用""
	文件类型	"filetype：文件类型"，如filetype:pdf
词的位置	标题搜索	"title:"
	网站搜索	"site:"或者"link:"针对选定网站进行搜索
	网页搜索	"url:"检索地址中带有某个关键词的网页
词的变化	通配符	用"*"和"？"代替字符，如输入"teach*"可检索出"teacher" "teaching"

注意：各种搜索引擎使用的组配关系符号和通配符号略有差异，可以参看搜索引擎的帮助或者检索说明。

（4）合理利用检索结果界面的参考信息。检索结果界面除了搜索网页或者文件的链接与说明，还有很多有价值的参考信息，如检索结果数量、时间、相关搜索、检索类别等。

（5）如果不熟悉各种检索语法，建议采用高级检索，因为高级检索项本身就是检索策略的体现。

6.3.3.2 一般搜索引擎使用介绍实例——百度

1．概述

百度[①]拥有全球最大的中文网页库，收录中文网页已超过100亿，这些网页的数量每天以千万级的速度在增长。同时，百度在中国各地分布的服务器，能直接从最近的服务器上把所需信息反馈给当地用户，使用户享受极快的搜索传输速度。

百度搜索范围涵盖了中国、新加坡等华语地区以及北美、欧洲的部分站点。

百度还为各类企业提供软件、竞价排名以及关联广告等服务，为企业提供了一个获得潜在消费者的营销平台（P4P，Pay for Performance），即为一种按效果付费的网络推广方式，同时也引起了一些争议：有人认为该服务会影响用户体验。

2．百度服务内容与产品

百度自创建以来，一直专注于中文搜索，目前提供的主要搜索项目有新闻、网页、地图、视频、音乐、图片、贴吧、知道、文库和学术文献等。除了搜索服务，百度还不断增加更新更多的服务内容，如导航服务、社区服务、移动服务等。

---

① http://www.baidu.com/

3．检索功能与技巧

不少调查表明，许多用户只用简单的搜索功能、效率不高。下面主要针对搜索服务功能，介绍如何较高效准确地搜索。

（1）百度识图。利用窗口的"相机"上传图片或输入图片的url地址，从而搜索到互联网上与这张图片相似的其他图片资源，同时也能找到这张图片相关的信息，如图6-1所示。

图6-1　百度识图界面

（2）如果要实现较为复杂的搜索，可用逻辑运算符和限定条件来实现。

百度框式检索，"空格"表示逻辑与，"｜"表示逻辑或，"－"表示逻辑非。其中，"｜"前后有空格，"－"前空一格，双引号""表示精确检索。

也可点击右上角"设置"，使用高级检索，其中"包含全部关键词"指逻辑与，"包含完整关键词"指精确匹配，"包含任意关键词"指逻辑或，"不包括关键词"指逻辑非。

①"逻辑与"和"逻辑或"的应用。

检索实例1：检索有关计算机辅助设计的软件。

分析："计算机辅助设计"的全英文名称为"Computer Aided Design"，简称为"CAD"，检索者可能会用"计算机辅助设计"或者"CAD"检索，"计算机辅助设计"与"软件"满足逻辑或算符。框式检索或者高级检索的输入示例分别如图6-2和图6-3所示。

图6-2　"逻辑与"和"逻辑或"的使用实例之框式输入示例

图6-3　"逻辑与"和"逻辑或"的使用实例之高级检索示例

② 固定短语检索。

如果需要检索某人名、地名、机构名称或者书名、篇名、电影名称等专有名称时，须使用固定短语检索。

检索实例2：查阿尔茨海默病防治协会的信息。

框式检索输入式如图6-4所示，高级检索输入如图6-5所示。

图6-4 固定短语之框式检索示例

图6-5 固定短语之高级检索示例

③ 逻辑非的运用。

检索实例3：检索3D打印在医学领域的应用，但不涉及在生物方面的信息。

框式检索式输入和高级检索示例如图6-6和图6-7所示。

图6-6 逻辑非之框式检索示例

图6-7 逻辑非高级检索示例

④ 搜索指定网页有关信息。

检索实例4：搜索四川轻化工大学网站上关于成果转让的信息。

其框式检索和高级检索实例分别如图6-8和图6-9所示。

图6-8　搜索指定网页有关信息之框式检索示例

图6-9　搜索指定网页有关信息之高级检索示例

⑤ 其他限定条件，如关于搜索指定时间范围和指定类型的有关文件。

检索实例5：查找近一年内关于信息素养的学习资料。其框式检索和高级检索示例分别如图6-10和图6-11所示。

图6-10　其他限定条件之框式检索示例

图6-11　其他限定条件之高级检索示例

6.3.4 科学评价与合理使用网络资源

搜索引擎通常是免费的，一般的搜索引擎，搜索对象是整个互联网。因为免费，搜索范围广，响应速度快，成为我们生活中不可或缺的检索工具。但是，网络信息庞杂，质量良莠不齐，信息稳定性差，由此引发形形色色的网络信息案例。

案例1：PX（对二甲苯）词条保卫战。

2014年3月，有关PX剧毒的传言流出，有人将PX的百科词条由"低毒"改为"剧毒"。以清华化学、化工两系学生为主力的保卫者保卫"低毒"属性长达120小时，直到4月4日，由于清华化工系提交了官方的PX相关介绍，百度百科锁定PX词条在"低毒"属性上，事件结束。至2020年5月，PX词条处于锁定状态，并有"由于本词条涉及专业知识，我们已邀请专业人士编写本词条"备注[①]。

案例2："魏则西之死"事件。

2016年，当时21岁的魏则西因患滑膜肉瘤离世。半个月后，他的悲剧故事引发了一场网络舆论事件，在这次事件中百度遭到铺天盖地的声讨。详细的内容请参见2016年5月3日《钱江晚报》。

案例3：2013年12月，《新民周刊》刊载的"危机中的维基百科：网络乌托邦在水军围攻中挣扎"。

"……

古老的通天塔只是传说，而维基百科的奇迹，只要按一下回车就能目睹。

这个完全依靠志愿者奉献时间搭建的网上百科全书，一开始曾被传统辞书出版商讥笑为满是涂鸦的"公共厕所"，如今却已拥有了数千万个条目，200多个独立运作的语言版本，浏览量一度雄踞全球第五位。

如今，这个网络乌托邦却在'水军'的围攻中苦苦挣扎。无孔不入的商业力量不会放过任何一片世外桃源，明码标价的编辑和篡改让维基百科的公正客观受到了严峻考验。

……"

关于此文更详细的内容见《新民周刊》（2013年第47期）。

针对以上案例，并不能否定所有的网络信息资源，在使用网络信息资源时需要注意搜索效率、谨慎鉴别、及时更新等。所以在使用网络资源的同时，我们还要做到以下几点：

（1）搜索引擎不是万能的，目前有相当多学术资源不能通过搜索引擎搜索到。除了搜索引擎和网络免费资源，还要充分利用图书馆订购的学术资源。

（2）使用搜索引擎时，必须注意对检索结果进行审慎的鉴别和判断。

（3）网上开放资源也是有知识产权的，注意合理使用、遵守学术道德和学术规范，正确引用，注明出处。

（4）个体既是网络资源的利用者，也是网络资源的建设者，积极参与网络信息共建共享，有利于网络资源持续健康发展。

[①] https://baike.so.com/doc/9972592-10320234.html

6.4 图书馆综合资源搜索系统

6.4.1 图书馆资源发现系统应运而生

随着多种技术的不断发展，各种检索技术和检索平台人性化不断在提高，读者的需求也在不断变化，要求也在不断提高。读者希望能在一个平台上一站式打捞所有的信息资源，既能保证文献调研的全面性，又能解决经济性问题，省时省力。

首先想到的是利用各种学术搜索引擎，如百度学术搜索、谷歌学术搜索、微软学术搜索等，但这些网络资源都有不足之处。那么什么样的平台能一站式检索图书馆订购的印刷型资源、多个不同的电子资源以及开放资源和网络资源呢？这就是很多图书馆界连同系统软件商共同努力解决并已经提供的图书馆资源发现系统。例如，中国国家图书馆的"文津搜索"、清华大学图书馆的"水木搜索"、北京大学图书馆的"未名学术搜索"、上海交通大学图书馆的"思源探索"、香港大学图书馆的"Find@HKUL"、哈佛大学图书馆的"HOLLIS+"、四川轻化工大学图书馆的"智立方"等。

图书馆资源发现系统作为图书馆资源揭示的主要入口，放在图书馆主页的醒目位置。资源发现系统检索界面通俗、简单；降低了图书馆资源使用的门槛；解决了因不同数据库在数据结构、检索机制、检索方法等方面存在差异，在资源方面存在重复、检索负担过重等相关问题；提升了图书馆资源尤其是文献级资源的发现度。

但是，没有一种信息工具是一劳永逸的，当我们的信息意识、信息获取、信息评价能力获得提升之后，我们就不会只使用一个检索工具，而是会综合利用文献检索工具，从根本上保证我们文献调研的全面性、时效性、可靠性、经济性原则。

6.4.2 图书馆资源综合搜索系统介绍——读秀

1. 概述

读秀学术搜索[①]，是超星公司开发的一个面向全球的互联网学术资源查询系统。它是对文献资源及其全文内容进行深度检索并提供文献传递服务的平台。它将纸质图书、电子图书、期刊、论文等各种类型资料整合于同一平台，集文献搜索、试读、传递为一体，突破了简单的元数据检索模式，实现了基于内容的检索，使检索深入章节和全文。读秀学术搜索提供知识、图书、期刊、报纸、学位论文、会议论文、标准、专利、音视频、文档、考试辅导、课程、词典、百科、信息资讯、政府信息等多个搜索频道。其中，知识检索频道是将数百万种图书、期刊等各种类型的学术文献资料打散为元资料，再以章节为基础重新整合在一起，形成一本超大的百科全书。读秀还提供本馆纸本馆藏图书的查询和300万余种超星电子图书的链接，对于本馆馆藏未收录的文献还提供免费原文获取服务，为广大读者打造一个获取知识资源的捷径。

除了检索资源和获取资源功能之外，读秀还提供了定制特色功能——满足用户的管理需

---

① www.duxiu.com/

求和读者的阅读需求，如：

流量统计系统：阅读量、点击量、分类统计、饼状图、柱状图、趋势图等功能。

图书推荐系统：推荐购买纸书、电子图书以及图书推荐排行统计功能。

图书共享系统：图书书目馆际互知、网上书店购买、联系出版社等功能。

2. 使用举例

以四川轻化工大学图书馆的馆藏为例，默认"知识"选项，在检索框中输入"信息素养"，可点击"中文搜索"，检索结果界面如图6-12所示（检索时间：2021年12月10日）。可以根据右边的选项（见图6-13，检索时间：2021年12月10日）来筛选所需资源类型，从而进一步获取所需资源。例如，点击右边"图书"，检索结果部分界面如图6-14所示，图6-14中第一种书《大学信息素养教育示范教材 计算机多媒体艺术导论》已被四川轻化工大学图书馆订购并收藏了印刷版，也可以从订购的电子图书数据库获取该书的电子全文，点击"馆藏纸本"，可知该书在该馆收藏的册数，收藏地点以及流通情况。该馆只收藏了图6-14中第二种书《农转城新市民信息素养及促进模式研究》的印刷版，该书没有电子版。该馆既没有收藏图6-14中第三种书《高校信息素养研究》的印刷版，也没有订购该书的电子版，但该书本身是有电子版全文的，读者可以试读部分内容，如果需要获取该书全文，可以点击书名，进入读秀提供的"图书共享系统"界面，如图6-15所示。可根据提供的网络书店去购买，也可根据提供的收藏纸本图书的图书馆进行馆际互借，还可以点击"图书馆文献传递"，实现文献电子版自主传递，其操作界面转到读秀提供的"图书馆文献咨询服务"界面，如图6-16所示，按照其要求，完成文献电子版自主传递。

同样地，可以完成对期刊论文、会议等不同文献资料的筛选和获取。

如果需要检索外文文献，根据图6-12所示，点击"外文搜索"，以后的操作与中文一致。

图6-12　读秀检索结果实例界面

图6-13　读秀检索结果中的资源类型选择实例界面

图6-14　读秀检索实例选择"图书"部分检索结果界面实例

图6-15 读秀提供的"图书共享系统"实例界面

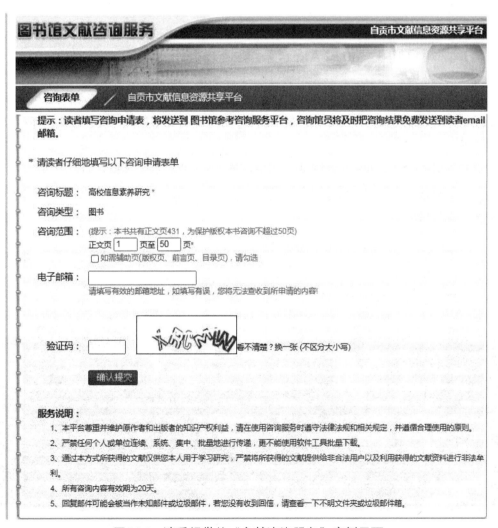

图6-16 读秀提供的"文献咨询服务"实例界面

第7章

跟踪最新信息

前面的章节介绍了如何去快速检索、准确获取所需不同信息。在学习和科研中，我们还需要不断更新相关领域的信息，定期回到数据库或网站去检索，但这需要一定时间和精力。本章介绍如何通过邮箱或RSS Feed订阅，让最新信息自动按需提供，打造自己的信息渠道，助力提升学习与工作效率。

7.1 邮箱订购（E-mail Alerts）

邮箱订购既可以自己主动选择，也可在网站注册时自动添加。很多数据库提供了邮箱订购服务，通过邮箱订阅某个检索式的最新结果，也可以订阅某期刊的最新目次，还可以订阅新闻报道。

下面以Elsevier ScienceDirect数据库为例，举例说明如何利用邮箱订阅某期刊最新文章。

首先，创建一个账号。点击数据库界面上的"Register"（见图7-1），打开账号注册界面，如图7-2所示。

图7-1　Elsevier ScienceDirect数据库邮箱订购注册、登录界面

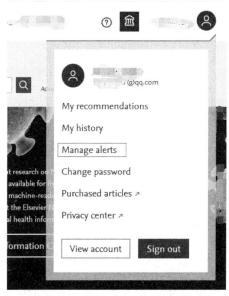

图7-2 Elsevier ScienceDirect数据库邮箱账号注册界面

第二步，登录账号，选择自己关注跟踪的学术期刊。登录之后，点击账号的头像，选择"Manage alerts"（见图7-3），关注跟踪学术领域及其子域（见图7-4）。然后，点击选择需跟踪的学术期刊。

第三步，完成所跟踪的学术期刊选项。在第二步选择学术期刊界面，点击"Articles & Issues"，选择"Set up joural alerts"（见图7-5），进入邮箱订购项目选择，可选择跟踪期刊目次，也可选择期刊预印本，也可两者都选（见图7-6），再点击"Save"，邮箱订购完成，所选期刊的项目会自动推送到指定邮箱。当不再需要订购该期刊时，在"Manage alerts"可以取消订购。

图7-3 Elsevier ScienceDirect数据库邮箱
订购操作界面

图7-4 Elsevier ScienceDirect数据库
选择关注学术领域及子域操作界面

图7-5　Elsevier ScienceDirect数据库学术期刊邮箱订购操作界面示例

Save journal alert ✕

Journal name

Journal of Water Process Engineering

What type would you like to follow

☐ Tables of contents　　☐ Articles in press

Frequency

As published

Save ＞

图7-6　Elsevier ScienceDirect数据库邮箱订购项目选择操作示例界面

7.2　RSS Feed订阅

简易信息聚合技术（Really Simple Syndication，RSS）服务能直接将最新的信息即时主动推送到读者的桌面，读者不必访问网站就可以获得更新的内容，读者在订阅RSS Feed后，通过RSS阅读器就可以获得更新的信息。

RSS的作用：

（1）个性化信息高度聚合，提供的信息都是读者关注的信息。

（2）页面清爽，无大量网页广告的侵扰。

（3）信息获取高时效性，不会遗漏最新的信息。

（4）信息积累和信息管理变得更容易。

很多网站和数据库都有RSS订阅图标，如中国知网（见图7-7）。使用RSS阅读器来阅读订阅的内容有两种方式：一种需要安装在计算机上的客户端软件；另一种不需要安装，直接在线使用，如一览阅读、深蓝阅读。下面以深蓝阅读为例，谈谈如何通过深蓝阅读①来订阅跟踪最新信息。

图7-7　中国知网学术期刊信息界面

第一步，创建账号并登录，如图7-8所示。

图7-8　深蓝阅读注册、登录界面

第二步，添加订购。同样地，以Elsevier ScienceDirect数据库为例，订购期刊"Journal of Water Process Engineering"。在该期刊界面的"Articles & Issues"，选择"RSS"（见图7-5），显示该刊的RSS Feed链接地址，如图7-9所示。在深蓝阅读网页界面，左下角点击

---

① https://bluereader.org/

"添加订购"，将刚才期刊的RSS Feed链接地址复制粘贴到订购框里（见图7-10），点击"添加"就完成RSS Feed订购。

图7-9　Elsevier ScienceDirect数据库学术期刊RSS Feed订阅网址界面示例

图7-10　Elsevier ScienceDirect数据库学术期刊利用深蓝阅读订阅操作示例

通过邮箱订购或者RSS Feed订购，获取信息的效率大大提高。但随着订购信息量的不断推送，无论是邮箱还是RSS feed都会被填满，所以在需要时才订购，而且要定期清理，以保证正常使用。

第8章

现代信息收集、整理与管理

8.1 信息收集

收集现代信息可采用以下途径：

（1）直接收集。作者通过自己的实践或调查得来的材料信息。

（2）间接收集。例如，在前面章节中，通过对各种检索系统（或检索工具）的系统学习，已经知道了各种检索系统（检索工具）的用途，查找获得的不同信息资料的收集。另外，由他人提供的信息也可收集。

（3）动态收集。收集上述直接或间接收集的信息经过整理、归纳、分析而形成的发展变化的新信息。

8.2 文献管理软件

通过不同途径收集起来的信息资料有可能数量庞大、内容广泛、题材多样化甚至相互重复。有必要对所获得的信息资料按资料的内容进行分类整理，使其有序化和系统化。信息时代，学会利用现代工具来有效管理不同信息资料，也是信息素养的一种表现。

个人文献管理软件可以实现对个人显性知识和隐性知识的有效管理。既可管理通过文献检索获得的大量文献信息、自己撰写的博客、发表的成果，还可以管理信件、随笔、备忘录、图标、表格、音视频文件，甚至与他人分享文献管理软件中的记录。

8.2.1 文献管理软件的作用

个人文献管理软件的基本功能：

（1）建立个人的文献题录数据库（个人虚拟图书馆）。

（2）有效组织、管理已获取的文献信息。

（3）对个人的文献题录数据库进行快速检索。

（4）按特定格式要求快速插入引文（参考文献）。

（5）导出、导入、备份、恢复个人文献数据库中的内容。

（6）网络发布或共享个人文献数据库中的记录。

（7）添加阅读笔记和附件。

（8）检索联机数据库。

（9）利用已保存在个人计算机中的全文生成相应的数据库记录。

（10）利用RSS导入记录。

（11）智能捕获网页信息。

（12）支持多终端多操作系统的数据库与协同管理。

8.2.2 文献管理软件的选择

个人文献管理软件很多，应根据需要和个人条件选择个人文献管理软件。按是否支付费用分：付费的，如EndNote；免费的，如JebRef；条件免费（也称部分免费）的，如Mendeley（基本功能免费，高级功能需付费或者其容量受限制）。按浏览方式分为：浏览器版，如RefWorks；桌面版，如NoteExpress。按有效位置分为：网络版，如EndNote Basic；单机版，如EndNote。

选择文献管理软件还要考虑其他要求：可加载到哪一种文字处理软件，对操作系统的要求，界面语言，可否建立多级目录，与他人共享数据库中的部分位置。

8.3 个人文献管理软件的使用——以NoteExpress为例

NoteExpress是基于客户端的单机版文献管理软件，由北京爱琴海乐之技术有限公司开发[①]，该产品有订购版和免费版，免费版软件可长期使用，向注册用户提供文献管理与利用的基本功能。

8.3.1 个人文献数据库的建立

1. 数据库名称和数据库目录的建立

建立图8-1所示的创建数据库三级目录操作过程如下：

第一步，下载NoteExpress软件，安装、注册、登录。

第二步，创建数据库名。打开图8-2所示的操作界面，点击"主菜单""新建数据库"，并命名为"创建数据库三级目录操作实例"。

第三步，创建三级文件夹目录。点击"题录"，按右键，"添加文件夹"，文件命名为"四川轻化工大学机构"，在已经命名的文件夹"四川轻化工大学机构"，继续点击右键，创建三个二级目录，分别为"校办""机关职能部门""二级学院"。在"机关职能部门"和"二级学院"位置，用同样的方法创建三级目录，如图8-3所示。

通过创建文件夹示例发现，NoteExpress文件夹级别，能够满足多级分类要求，文件夹的建立，无须一步到位，在后面的使用过程中，可随时增减、更名、移动位置。

---

① www.inoteexpress.com/

图8-1 数据库三级目录实例

图8-2 NoteExpree操作界面图

图8-3 三级文件夹建立示例图

2．数据库中添加记录

添加记录方式有很多，包括手动添加、通过过滤器导入、检索结果导入等。

1）手动添加记录

这种添加记录方式需手动完成，最费时。例如，需要将期刊文章"线上线下混合教学模式在信息素养教育课程教学中的应用研究"的题录信息添加到个人文献数据库中。在图8-2所示的"主菜单"，点击"题录"中的"新建题录"，选择"期刊文章"，如图8-4所示。按指定字段录入主要信息，完成之后点击"文件"中的"保存"，结果如图8-5所示。

图8-4　期刊文章题录信息的手工录入示例

图8-5　期刊文章题录创建结果示例

2）通过过滤器导入题录信息

所谓过滤器是指能正确解读以文件形式保存的文献题录信息的工具，不同文献数据库输出结果的形式可能不同。利用中国知网数据库按指定字段检索，将检索结果中需要导出的文章选中，利用中国知网数据库中的"导出与分析"功能，点击"导出"。文献导出格式有很多种，如图8-6所示。根据选用的文献管理软件，选择格式。例如，选用NoteExpress软件，则选择"NoteExpress"，再点击"导出"，导出自己命名的文件名。返回NoteExpress操作界面，点击"题录"中的"导入题录"，选择"来自文件"（见图8-7），系统会提示成功导入的记录数量。

图8-6　中国知网数据库实例文件导出格式选择界面

另外，在导入题录窗口，除了可以通过文本文件导出记录，也可以利用剪贴板导入，如图8-7所示。具体做法：将刚才从中国知网数据库导出的文本文件的全部内容复制到剪贴板中，题录来源选择来自剪贴板。

图8-7　NoteExpress软件的导入题录选择界面

有时选择了过滤器，试图导入题录时，会提示"不成功"。因此，需要恰当选择过滤器。只要过滤器选对了，就可以非常方便地导入从不同数据库中检索得到的检索结果。

过滤器选择原则：

（1）保存检索记录时选择文件的输出格式与目的数据库软件一致，见表8-1。

表8-1　文献管理软件与文件输出格式的选择

个人文献管理软件	文件格式（输出）
EndNote Desk	EndNote
EndNote Basic	EndNote
Refworks	Refworks
NoteExpress	NoteExpress

（2）在文献检索系统中，选择文件的输出格式为RIS个人文献管理软件时，文件输出格式为RIS。RIS是一种标准化的计算机标记格式，用于文献引文程序中的数据库交换。绝大多数数据库检索系统提供了RIS输出格式；相应地，几乎所有个人文献管理软件内置过滤器都含有RIS。

（3）选择与检索数据库同名或名称相近的过滤器。例如，Ei Compendex数据库得到的检索结果导入EndNote Basic，在选择过滤器时，选择EI Compendex。与此类似的，还有JSTOR。

3）数据库得到的检索结果直接导入

这是添加记录最简便的方式。这种添加记录的前提条件如下：

（1）个人文献数据库基于云端服务器运行。

（2）文献检索系统与个人文献管理软件已经建立有效的接口。

一般地，个人文献管理软件会配置一些文献数据库，方便用户从个人文献管理软件出发，检索外部的文献数据库后，直接导入文献记录。示例操作如下：

利用NoteExpress中的"在线检索"（见图8-8），选择在线数据，如选"中国知网"，点击"确定"，选择"学术期刊"子数据库，选择检索字段，如"主题"，键入检索词，如"信息素养"，点击"开始检索"。在检索结果界面，勾选希望保存的记录，然后点击"保存勾选的记录"（见图8-9），选择"至另一个文件夹"（导入已建的文件夹，如"信息素养"），点击"确定"，系统仍然会提示成功导入记录数量。还可以在刚才的文件夹"信息素养"查看操作结果（见图8-10）。

图8-8　NoteExpress在线选择数据库操作示例界面

图8-9　勾选希望导入记录操作示例

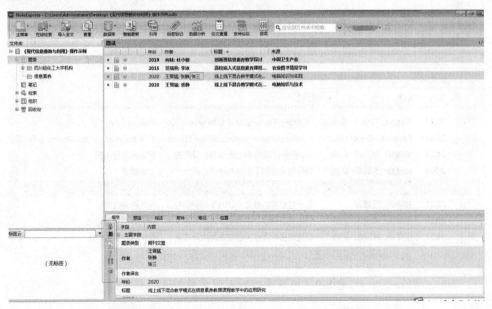

图8-10　NoteExpress软件的在线导入检索结果示例

3．个人文献数据记录编辑

记录被添加到个人数据库后，我们可以对它进行编辑，包括修改字段内容、启用自定义字段、删除重复记录、对多条记录进行批处理修改、移动某一条记录到其他的文件夹中等。

1）记录修改

在个人数据库中编辑一条记录。利用"题录"菜单中的"编辑题录"命令或用鼠标双击这条记录，调出编辑题录窗口（见图8-11）。几乎所有字段都可以进行修改，也可以启用自定义字段，操作完成后，点击"保存"。当这条记录以"细节"方式显示时，在这个窗口也可以对字段进行修改，此时，会自动保存。仔细观察图8-11，有两条记录是相同的，现在修改其中的一个，修改作者（示例是添加一个作者）。在"主菜单"中的"工具"菜单中，有"批量编辑"命令，用户利用它对多条记录进行批处理修改。

图8-11　NoteExpress软件的记录修改示例操作

2）记录管理

如果需要调整记录的存放位置，可以利用"主菜单"中"题录"菜单的"移动到文件夹"或"链接到文件夹"命令。"移动到文件夹"是指将记录移动到目标文件夹中。"链接到文件夹"是指将记录在目标文件夹中新生成一个映像，即在物理空间上仍然只有一条记录。同样的命令也可以用鼠标的右键调出。

实际上，很多情况下，都可以用鼠标的右键调出命令。例如，删除记录，在"题录"菜单中有三个删除命令"从文件夹中删除""从所有文件夹中删除""从指定文件夹中删除"，也可用鼠标的右键调出。

3）为记录添加附件

个人文献数据库中的一条记录，对应了一篇文献的题录信息。题录数据库的记录，虽然不包括全文，但是如果已经拥有了全文，可以将全文文件作为附件与记录进行关联。除了全文，网址、表格、图片、音视频等几乎所有文件都可以作为附件与记录进行关联。

选中个人文献数据库的一条记录，点击右下角窗口的小标签中的"附件"，在窗口中，点击鼠标的右键"添加"，选择个人计算机中的某个"文件"或"文件夹"（也可以是网址、表格等），与当前记录进行关联；也可用菜单上的"导入全文"进行全文关联。以图8-11中修改的这条记录为例，把这篇文章的全文进行关联，其结果如图8-12所示。

图8-12　NoteExpress软件的关联附件示例

4）笔记功能

为某条记录添加笔记，只需点击右下角窗口上的小标签"笔记"（见图8-11或图8-12），即可开始在窗口中键入笔记文字，点击"保存"，自己撰写的笔记同样也可以编辑。

5）记录的导入、导出与分享

如果某个包含有文献记录的文件，且这个文件与正在使用的个人文献管理软件兼容，就可以方便地从这个文件导入记录到个人文献数据库中。这样的导入，本质上还是通过过滤器的导入。同样地，个人文献数据库中的部分记录以文件形式导出，导出的文件可以用于生成引文，也可用于添加记录到其他软件生成的数据库中，还可以与他人分享——利用网页公开、分发给特定的人。

由于导出的文件形式可以有多种，需根据文献后期的需求选择。

记录的导出、导入也用于不同个人文献管理软件建立的两个数据库之间，这种情况通常发生在用户改变了个人文献管理软件，如图8-13所示。

图8-13　两个文献管理软件的记录导出与导入

4. 个人文献管理软件的利用

建立、组织和管理个人文献数据库的目的是方便利用已获取、保存的文献信息。几乎所有的个人文献管理软件都支持对个人文献数据库的检索。以NoteExpress为例，利用"检索"框，可以对整个数据库、某个文件夹或其子文件夹进行检索，如同检索商业文献数据库一样。

成熟的个人文献管理软件通常会定制很多出版社要求的样式，可以一键生成引文。需说明的是，不同的个人文献管理软件，可能有各自不同的侧重。国内的软件对我国出版物的引文样式有更好的支持。

关于引文的插入（以NoteExpress软件为例）：首先要满足以下任一条件：① NoteExpress软件安装"经典版"，可以支持Word，也支持WPS，这样Word文档或者WPS能自动加载NoetExpress；② 如果NoteExpress软件安装的是"快速版"，word文档或者WPS，需要在"开发工具"的"加载项"，添加NoteExpress。成功之后，界面如图8-14所示。

在撰写文章时，某处需要插入引文。在个人文献数据库中检索到要作为引文的记录，回到Word写作文档，点击"NoteExpress"中的"插入引文"，刚才个人数据库选中的记录可作为引文自动插入写作文档中（见图8-14）。插入引文的工作，会一直伴随论文写作。即使在已有的写作对象中插入新的内容及引文，利用个人文献管理软件的插入引文的功能，系统将帮助用户随时调整引文的序号。需要说明的是，不同引文有不同格式要求，可在图8-14中，点击"样式"根据不同出版社的格式要求，修改引文格式。

图8-14　word文档插入引文结果界面示例

选用哪种引用格式，取决于研究成果、导师建议、投稿期刊要求。常见引用格式包括芝加哥格式、MLA格式、APA格式、中国的参考文献格式等［我国的参考文献格式，请参阅《信息与文献参考文献著录规则》（GB/T 7714—2015）］。在写作时，不必记忆以上格式，只需利用个人文献管理软件，选择要用的引用格式，这将大大提高编写参考文献的效率。

8.3.2 数据库的备份与恢复

个人文件支持数据库的备份与恢复。对于单机版软件，数据库以文件的形式存在于计算机中，只需要复制这个数据库文件，就可以实现备份。网络版软件通常也具备数据库的功能，当系统接到用户的备份指令后，会将远程服务器端的数据库以压缩文件的形式发送给用户。反过来，当有需要时，用户可以用已经有的备份文件，对数据库进行恢复操作。

8.3.3 个人文献管理软件更多功能

很多个人文献管理软件安装插件后，会增加一些功能，如智能捕获网页信息、支持移动（如Refworks）、终端访问个人文献数据库、本地数据库与云端数据库的同步（如EndNote）、支持团队协同管理（如Refworks）、利用RSS阅读器采集文献信息（如Refworks）、请求增加过滤器以及引文样式等（如Refworks）。

8.3.4 个人文献管理软件更多管理内容

个人文献管理软件除了文献管理外，还可以管理邮件、照片、总结、证书、证件、账号等。它可以让每一个对象成为数据库的一条记录，描述对象的各种属性，添加标签，关联附件，从而可以方便地对这些对象进行检索和查看。

第9章

学术论文（毕业论文）写作

学术论文是社会发展及现代化建设的重要科技信息源，是记录人类科技进步的历史性文件。撰写学术论文，是对一个人的信息素养、专业知识、科研能力、学术水平、写作能力等综合能力的考验。

9.1 学术论文定义

《科学报告、学位论文和学术论文的编写格式》（GB 7713—87）对学术论文的定义："学术论文是某一学术课题在实验性、理论性或观测性上具有新的科学研究成果或创新见解和知识的科学记录；或是某种已知原理应用于实际中取得新进展的科学总结，用以提供学术会议上宣读、交流或谈论；或在学术刊物上发表；或作其他用途的书面文件。学术论文应提供新的科技信息，其内容应有所发现、有所创造、有所前进，而不是重复、模仿、抄袭前人的工作。

学位论文是表明作者从事科学研究取得创造性的结果或有了新的见解，并以此为内容撰写而成、作为提出申请授予相应的学位时评审用的学术论文。

学士论文应能表明作者已较好地掌握了本门学科的基础理论、专门知识和基本技能，并对所研究课题有新见解，有从事科学研究工作或独立担负专门技术工作的能力。

硕士论文应能表明作者已在本门学科上掌握了坚实的基础理论和系统地专门知识，并对所研究课题有新的见解，有从事科学研究工作或独立担负专门技术工作的能力。

博士论文应能表明作者已在本学科上掌握了坚实宽广的基础理论和系统深入的专门知识，并具有独立从事科学研究工作的能力，在科学或专门技术上做出了创造性的成果。"

9.2 学术论文写作格式样稿

根据GB 7713—87的规定，学术论文的写作格式一般遵循如下格式：

中文题名

作者姓名

（作者单位名称 城市 邮政编码）

摘要　×××
××××××××××……。

关键词　×××；×××；×××;……

中图分类号　×××;××× 文献标识码　×

（空一行）

英文题名

作者汉语拼音姓名

（作者单位英文名称 城市 邮政编码）

Abstrac　×××××××××××××××××××××××××××××××××××××
××××××××××……。

Keywords　×××；×××；×××;……

（空一行）

正文（引言）××××××××××××××××××××××××××××××××××××
××××××××××……。

1 一级标题

　　××
××××……

1.1 二级标题

　　××
××××……

1.1.1 三级标题

　　××
××××……

……

1.2 二级标题

　　××
××××……

……

2 一级标题

　　××
××××……

2.1 二级标题

　　××
×××……

……

（空一行）

参考文献：

[1]××××××××××××××××××××

[2]××××××××××××××××××

……

（空一行）

作者简介　×××××××××××××××××××××××××××××××××××××

×××××××××××……。

9.3　学术论文写作格式规范细则

9.3.1　中文题名

中文题名3号黑体居中，如果文章是基金项目，则可用"脚注"的方式说明。

题名是以最恰当、最简明的词语反映论文中最重要的特定内容的逻辑组合。题名中所用每一词语必须有助于选定关键词和编制题录、索引等二次文献可以提供检索的特定实用信息。题名应该避免使用不常见的缩略词、首字母缩写字、字符、代号和公式等。题名一般不宜超过20字。当论文用作国际交流，应有外文（多用英文）题名，外文题名一般不宜超过10个实词。下列情况可以有副题名：题名语意未尽，用副标题名补充说明论文中的特定内容；论文分册出版，或是一系列工作分几篇报道，或是分阶段的研究结果，各用不同副标题名区别其特定内容；其他有必要用副标题名作为引申或说明者。题名在整体论文中不同地方出现时，应完全相同，但眉题可以省略。

9.3.2　作者署名和工作单位

作者署名置于题名下方，小4号楷体字，居中排列。

作者署名是文责自负和拥有著作权的标志。著者指在论文主题内容的构思、具体研究工作的执行及撰稿执笔等方面的全部或局部做出主要贡献的人员，能够对论文的主要内容负责答辩的人员，是论文的法定主权人和责任人。署名人不宜太多，对论文涉及的部分内容做过咨询、给过某种帮助或参与常规劳动的人员不宜按著者身份署名，但是可以注明他们曾参与了哪一部分具体工作，或通过文末致谢的方式对他们的贡献或劳动表示感谢。

合写论文的著者应按论文工做贡献的多少顺序排列，著者的姓名应给出全名。科学技术文章均用真实姓名。

团体作者的执笔人也可标注于篇首的脚注或文末尾注，简讯等短文的作者可标注于文末。

英文摘要中的中国人名和地名应采用《中国人名汉语拼音字母拼写法》的有关规定：姓前名后，姓和名的首字母大写，名字中间不加连字符；地名中的专名和通名分写，每一分写部分的首字母大写。对作者应标明其工作单位全称，同时，在篇首用"脚注"标明第一作者简介（注意：现实中大部分文章是将作者简介放在文末）。

作者工作单位、城市、邮政编码用小5号楷体字居中，以便读者在需要时可与著者联系。

9.3.3 摘　要

"摘要"两字以小5号黑体左顶格，空一格接摘要内容（注：现实中也用冒号），摘要内容字体为小5号楷体。

摘要是论文的内容不加注释和评论的简短陈述（用第三人称的方式如实报道），为了国际交流，还应有外文（多用英文）摘要。摘要应具有独立性和完整性，即不阅读论文的全文，就能获得必要的信息。摘要中有数据、有结论，是一篇完整的短文，可以独立使用，可以引用，可以用于工艺推广。摘要的内容应包含与论文同等量的主要信息，供读者确定有无必要阅读全文，也供文摘等二次文献采用。摘要一般应说明研究工作的目的、实验（研究）方法、结果和最终结论等，重点是结果和结论。一般地，用"本文"做主语，如"本文介绍了……"，或者"本文报道了……"，或者不要"本文"，直接"针对……，提出了……"等方式进行。

中文摘要一般不宜超过200～300字；外文摘要不宜超过250个实词。如遇特殊需要字数可以略多。除了实在无变通办法可用以外，摘要中不用图、表、化学结构式、非公知公用的符号和术语。

报告的摘要可以用另页置于题名页之后，学术论文的摘要一般置于题名和作者之后、正文之前。学位论文为了评审和学术论文为了参加学术会议，可按要求写成变异本式的摘要，不受字数限制。

所谓变异本，科技报告、学术论文有时适应某种需要，除正式的全文正本以外，要求有某种变异本，如节本、摘录本、为送请评审用的详细摘要本、为摘取所需内容的改写本等。

9.3.4 关键词

"关键词"三字用小5号黑体字，左顶格，空一格接具体关键词（注：现实中也可用冒号），具体关键词用小5号楷体字，关键词之间用分号隔开。

关键词是为了文献标引工作从论文中选取出来用以表示全文主题内容信息的单词或术语。每篇论文选取3～8个词作为关键词，如有可能，尽量用《汉语主题词表》等词表提供的规范词，以显著的字符另起一行，排在摘要的下方。为了国际交流，应标注与文中对应的外文（多为英文）关键词。每个关键词在翻译时，首字母需大写，各词之间用分号间隔，最后一个关键词后无任何符号。

如何遴选关键词？

首先，从题名中找。题名是论文的主题浓缩，最易找到。

其次，从文摘中找。文摘是论文的内容浓缩，最重要的方法、结果、结论、关键数据都在其中反映。

再次，从论文的小标题中找。小标题是反映论文主题的层次标题。

最后，从结论中找。可找到在题名、文摘、小标题中漏选的较为重要的关键词。

9.3.5 中图分类号

"中图分类号"五字用小5号黑体，左顶格，空一格接具体分类号（注：现实中也可用冒号），具体分类号为小5楷体，分类号之间用分号隔开。

为便于将学术论文按学科类别进行检索，因此要求标识出学术论文的学科类别，一般而言，我国现在都按《中国图书馆分类法》（第五版）对每篇论文标注分类号。一般涉及多学科的论文，可以给出几个分类号，主分类号应排在第一位，多个分类号之间用分隔号。如果有条件，尽可能注明《国际十进分类法UDC》的类号。

9.3.6 文献标识码

"文献标识码"五字用黑体小5字体，空一格接具体文献标识码，具体文献标识码用小5楷体字。

文献标识码是指所写学术论文的类型，主要标识码含义如下：

A——理论与应用研究学术论文（包括综述报告）；

B——实用性技术成果报告（科技）、理论学习与社会实践总结（社科）；

C——业务指导与技术管理性文章（包括领导讲话、特约评论等）；

D———一般动态性信息（通讯、报道、会议活动、专访）；

E——文件、资料（包括历史资料、统计资料、机构、人物、书刊、知识介绍等）。

9.3.7 主体部分（正文）

正文字体一律用5号宋体，首行空两格。

主体部分的编写格式可由作者自定，但一般由引言（或绪论）开始，以结论或讨论结束。论文的正文是核心部分，占主要篇幅，可以包括调查对象、实验和观测方法、仪器设备、材料原料、实验和观测结果、计算方法和编程原理、数据资料、经过加工整理的图表、形成的论点和导出的结论等。由于研究工作涉及的学科、选题、研究方法、工作进程、结果表达方式等有很大的差异，对正文内容不能做统一的规定。论文写作不要求有华丽的辞藻，但必须实事求是、客观真实、准备完备、合乎逻辑、层次分明、简练可读。

9.3.7.1 不同类型论文正文写作要求

（1）理论性论文。用理论分析或计算分析来证明论文观点的正确。对研究对象进行精确的描述，定量地揭示各因素之间的关系。在写作方法上，常用举例、推理、反证、类比、对比、因果分析和归谬法等。在写作要求上，应论点明确而唯一，论据充分且必要，层次清楚，逻辑性强。

（2）实验性论文。实验室是科学上实现新发现的一种手段。其论文的内容一般包括理论分析，实验材料、方法、实验结果及分析等部分。在论述实验材料和方法部分，要把材料的来源、性质和数据，实验使用的仪器、设备、实验条件和测试方法交代清楚，其目的是使别人能重复操作进行同样的实验，以验证结论的正确性和可靠性。

（3）试验性论文。试验是相对技术而言，是为解决或验证技术措施的可行性服务的。试验性论文写作的内容一般包括试验的目的，即要解决或验证的问题、试验的方法、试验结果及分析等。

实验和试验类型论文正文的写作应按研究问题的逻辑关系来写，不应按实验或试验的实践顺序来写。

（4）创新性论文。以自然理论为基础，应用自然科学的最新成果实现技术创新，或者是运用已有的科学技术理论和自己的实践经验实现技术创新而形成的论文。其写作的内容一般包括理论分析，也就是应用科学理论或原理，研究的成果，实践的验证等。正文表述的重点是理论分析，也是论文学术价值之所在。因为技术研究具有明确的目的性，所以技术论文强调其实践性，以证明理论分析的正确性和技术的可行性，技术强调其经济性和效益。

（5）新技术应用性论文。它是应用一种新的技术（工艺、产品、设备），解决工程实践中遇到的问题，并取得了良好的经济效益和社会效益而形成的论文，又称为技术总结。论文写作时，主要在于回答"为什么要应用这种新技术""如何应用"和"结果如何"三个问题。正文写作的重点在于从理论上回答这种新技术的必要性和可行性，以及如何应用。对于应用的改进或改进的建议，可写在结论部分。

9.3.7.2 论文正文写作格式要求

1. 引　言

引言的序号可以不写，也可以写为"0"，不写序号时"引言"二字可以省略，用5号字体。

引言（或绪论）简要说明研究工作的目的、范围、相关领域的前人工作和知识空白、理论基础和分析、研究设想、研究方法和实验设计、预期结果和意义等。

引言写作要开门见山，不落俗套，不要铺垫太远，绕了一个大圈子才进入主题，如：

"众所周知""大家知道"——不符合科技论文的严肃性。

"如有不对，请批评指正"——应有起码的责任心和自信心，不能出差错，否则不能投稿。

"可供……参考"——水平高低、好坏，是否需要参考，不必说，读者自有评价。

引言写作应言简意赅，条理清晰，不要与摘要雷同，不要成为摘要的注释。一般教科书有的知识，在引言中不必赘述。序言以最精练的语言，表达清楚研究课题的来龙去脉及研究的成果，字数一般控制在300字以内。比较简短的论文可以只用小字段文字起着引言的效用。

学位论义需要反映作者确已掌握了坚实的基础理论和系统地专门知识，具有开阔的科学视野，对研究方案做了充分论证，因此，有关历史回顾和前人工作的综合评述，以及理论分析等，其引言可以单独成章，用足够的文字叙述。

序言的写作要尊重科学、实事求是，尽量避免使用"国内少见""首次提出""首次发现"等。

2．正文中的标题

正文是表达作者思想观点最重要的部分，为表达清楚，正文必须分成若干个层次来写。

科技论文的章、节、段、条的划分和编号均采用阿拉伯数字分级编写，即一级标题的编号为1，2……；二级标题的编号为1.1，1.2……，2.1，2.2……；三级标题的编号为1.1.1，1.1.2……。

正文各级标题是指除文章题名外的不同级别的分标题。各级层次标题都要简短明确，同一层次的标题应尽可能"排比"，即词（或词组）类型相同（或相近），意义相关，语气一致。各级标题一律用阿拉伯数字连续标号；不同层次的数字之间用小圆点"."相隔，末尾数字后面不加点号，如"1"，"2.1"，"2.1.2"等。正文各级标题（层次标题）一律左顶格书写，题号一律用阿拉伯数字，题号后空一格再写题名。一级标题为4号宋体字，二级标题为5号黑体字，三级标题为5号楷体加粗。

3．正文中的图

正文中的图包括曲线图、构造图、示意图、图解、框图、流程图、记录图、布置图、地图、照片和图版等。图应具有"自明性"，即只看图、图题和图例，不阅读正文，就可理解图意。论文中的图一律用阿拉伯数字分别连续编排序号，序号可以就全篇论文统一按出现先后顺序编码，对长篇报告、论文也可按分章依序编码，其标注形式应便于互相区别，如图1、图2等。

每一图应有简短确切的题名，连同图号置于图下，字体用小5号宋体，居中。必要时，应将图上的符号、标记、代码以及实验条件等，用最简练的文字，横排于图题下方，作为图例说明。

曲线图的纵横坐标必须标注"量、标准规定符号、单位"。此三者只有在不必要表明（如无量纲）的情况下可省略。坐标上标注的量的符号和缩略词必须与正文中一致。

照片图要求主题和主要显示部分的轮廓鲜明，便于制版。如用放大缩小的复制品，必须清晰，反差适中。照片上应该有目的物尺寸的标度。

4．正文中的表

表的编排，一般是内容和测试项目由左至右横读，数据依序竖排，表应有自明性。表也要编序号，同上面的图的序号编排，如表1、表2等。每个表应有简短确切的题名，连同表号置于表上，字体小5号黑体居中，表头和表身字体均为小5号宋体。必要时，应将表中的符号、标记、代码，以及需要说明事项，以最简练的文字，横排于表题下。附注序号的编排，也与图的编排相同。表内附注的序号宜用小阿拉伯数字并加圆括号置于被标注对象的右上角，如×××$^{(1)}$，不宜用"*"，以免与数学上共轭和物质转移的符号想混。

表格各栏均应表明"量或测试项目、标准规定符号、单位"，只有在无必要标注的情况下可省略。表中的缩略词和符号，必须与正文中一致。

表内同一栏的数字必须上下对齐。表内不宜用"同上""同左""·"和类似词，一律填入具体数字或文字。表内"空白"代表未测或无此项，"0"代表实测结果为零。如数据已绘成曲线图，可不再列表。

5. 正文中的数学公式、物理公式和化学式

正文中的公式、算式或方程式等应采用阿拉伯数字连续编排序号，序号标注于该式所在行（当有续行时，应标注于最后一行）的最右边，如（1）、（2）等，不加字"式"，在文中语言描述时，则加字"式"，如式（1）、式（2）等。较长的式，另行居中横排。如式必须转行时，只能在+，−，×，÷，<，>处转行。上下式尽可能在等号"="处对齐。

应注意区别各种字符，如拉丁文、希腊文、俄文、德文花体、草体；罗马数字和阿拉伯数字；字符的正斜体、黑白体、大小写、上下角标（特别是多层次，如"三踏步"）、上下偏差等。

6. 正文中的计量单位

科技报告、学术论文中的计量单位名称和符号的书写方式一律采用国际通用符号，书写规则严格按国家标准《国际单位制及其应用》（GB 3100—93）执行。

量的符号一般为单个拉丁字母和希腊字母，并一律采用斜体（pH例外），为区别不同情况，可在量符号上附加角标。表达公式时，在公式、图、表和文字叙述中，一律使用单位的国际符号，且无例外地使用正体。单位符号和数值间要留适当间隙。不许对单位符号进行修饰，如加缩写点、角标、复数形式，或在组合单位中插入化学元素符号等说明性符号等。

在插图和表格中用特定单位表示量的数值时，应当采用量与单位相比的形式，如L/m、m/kg、p/Pa。不能把ppm、pphm、ppb、ppt、rpm等缩写字作单位使用。词头不得独立使用，也不能重叠使用，如μm，不用μ，也不用μμF。组合单位的分母中一般不加词头，一般也不在分子分母同时加词头，如kJ/mol，不写成J/mmol。

7. 正文中的数字

论文正文的数字按照《出版物上数字用法的规定》（GB/T 15835—2011）执行。论文正文中下列情况需用阿拉伯数字：

用于计量的数字，在使用数字进行计量的场合，为达到醒目、易于辨识的效果，应采用阿拉伯数字，如1：500。

当数值伴随有计量单位时，如长度、容积、面积、体积、质量、温度、经纬度、音量、频率等特别是当计量单位以字母表达时，应采用阿拉伯数字，如523.56 km（523.56千米），34～39℃（34～39摄氏度）。

用于编号的数字在使用数字进行编号的场合，为达到醒目、易于辨识的效果，应采用阿拉伯数字，如电话号码010-8235971X，邮政编码100871。

已定型的含阿拉伯数字的词语。现代社会生活中出现的事物、现象、事件，其名称的书写形式中包含阿拉伯数字，已经广泛使用而稳定下来，应采用阿拉伯数字，如5G手机、95号汽油、"5·27"事件。

如果要突出简洁醒目的表达效果，应使用阿拉伯数字，如北京时间2008年5月12日14时28分。如果要突出庄重典雅的表达效果，应使用汉字数字，如：中华人民共和国第十一届全国人民代表大会第一次会议（不写为"中华人民共和国第11届全国人民代表大会第1次会议"）。

为便于阅读，四位以上的整数或小数，可采用以下两种方式分节：

第一种方式：千分撇整数部分每三位一组，以"，"分节。小数部分不分节。四位以内的整数可以不分节，如23，456，789.456789。

第二种方式：千分空从小数点起，向左和向右每三位数字一组，组间空四分之一个汉字，即二分之一个阿拉伯数字的位置，如98 789 654.456 123。四位以内的整数可以不加千分空。

纯小数必须写出小数点前定位的"0"，小数点是齐阿拉伯数字底线的实心点"."。示例：0.46不写为.46或0。46。

8．正文中的符号和缩略词

符号和缩略词应按照国家标准GB/T 7713—87执行。如无标准可循，可采纳本学科或本专业的权威机构或学术团体所公布的规定，也可采用全国自然科学名词审定委员会编印的各学科词汇的用词。如不得已引用某些不是公知公用的且又不宜为同行读者所理解的或系作者自定的符号、记号、缩略词、首字母缩写字等时，均应在第一次使用时加以说明，给予明确的定义。

9.3.8 论文的结论

科技报告、学术论文的结论是最终的、总体的结论，不是正文中各段的小结的简单重复。结论应该准确、完整、明确、精炼。如果不可能导出应有的结论，也可以没有结论而进行必要的讨论。可以在结论或讨论中提出建议、研究设想、仪器设备改进意见、尚待解决的问题等。

9.3.8.1 论文结论写作的内容

1．学术性论文

（1）本研究结果有什么新发现，得出什么规律性的东西，解决或完善了什么理论，适用于什么样的范围。

（2）对前人有关问题的理论做了哪些检验，哪些与本研究结果一致，哪些不一致，做出了哪些修正、补充、发展或否定。

（3）本研究尚未解决的问题及今后研究方向设想或建议。

其中，第（1）点是必须的，而第（2）点和第（3）点视论文的具体内容（或具体的研究对象）可有可无。

2．技术论文

（1）本技术理论或技术成果与既有技术理论或技术比较有什么先进性。

（2）本技术理论和技术成果使用的范围、条件。

（3）试验结果与实际的一致性，或者结果的适用范围条件；

（4）对应用的技术有哪些改进的建议。

其中，第（1）点是必须的，它表明论文具有创新性。

9.3.8.2 论文结论写作要求和方法

（1）概括准确，措辞严谨。把论文中创新的内容准确、完整地概括出来，不轻易放弃或漏掉一条有价值的结论。肯定与否定要明确不能用"大概""可能是"等词。

（2）明确具体，简短精练。结论应提供明确、具体的定性与定量的信息，对要点要具体表达，不能用抽象和笼统的语言。结论段字数一般为正文字数的3%～5%。

（3）不做自我评价，论文的水平应让读者去评价。

（4）根据正文的全部内容，可以把结论分成若干条，也可以用几句话来表达。

9.3.9 论文致谢

可以在正文后对以下方面致谢：国家科学基金、资助研究工作的奖学金基金、合同单位、资助或支持的企业、组织或个人；协助完成研究工作和提供便利条件的组织或个人；在研究工作中提出建议和提供帮助的人；给予转载和引用权的资料、图片、文献、研究思想和设想的所有者；其他应该感谢的组织和个人。书写格式为"在研究（论文撰写）过程中，得到×××的帮助（指导），谨致谢意。""致谢"二字空一行放在结论后。

9.3.10 论文参考文献

参考文献是指对一个信息源或其中一部分进行准确和详细著录的数据，位于文末或文中的信息源。参考文献是现代科技论文的重要组成部分，但如果撰写论文时没有参考其他文献就可以不写。参考文献反映文稿的科学依据和著者，尊重他人研究成果而向读者提供文中引用有关资料的出处，或为了节约篇幅和叙述方便，提供在论文中提及而没有展开的有关内容的详尽文本。参考文献不仅是学术影响的重要评价指标之一，还可以起到扩大检索范围的作用。

不同参考文献类型和标识码见表9-1，不同电子资源载体和标识码见表9-2。

表9-1　文献类型和标识代码

参考文献类型	文献类型标识代码
普通图书	M
会议录	C
汇编	G
报纸	N
期刊	J
学位论文	D
报告	R
标准	S
专利	P
数据库	DB

参考文献类型	文献类型标识代码
计算机程序	CP
电子公告	EB
档案	A
舆图	CM
数据集	DS
其他	Z

表9-2　电子资源载体和标识码

电子资源的载体类型	载体类型标识代码
磁带	MT
磁盘	DK
光盘	CD
联机网络	OL

文后参考文献著录包括引文出处和观点出处，采取顺序编码制，用带括号的阿拉伯数字顺序编码，如 [1]，[2]，[3]……"参考文献"这几个字用小5号黑体左顶格，具体内容为小5号宋体，另起行左顶格。同一种文献被反复引用，用同序号。

根据《信息与文献 参考文献著录规则》（GB/T 7714—2015）规定执行，按照文献类型不同，文后参考文献著录可分为如下几种。

9.3.10.1 专著（Monograph）

1. 专著

专著是指以单行本或多卷册（在限定的期限内出齐）形式出版的印刷型或非印刷型出版物，包括普通图书、会议文集、报告、学位论文、古籍、多卷书、丛书等。

专著著录项目：主要责任者、题名、其他题名信息、文献类型标识（任选）、其他责任者（任选）、版本项、出版地、出版者、出版年、引文页码、引用日期、获取和访问路径（电子资源必备）、数字对象唯一标识（电子资源必备）。

专著著录格式如下：[序号]（空一字符）主要责任者.题名：其他题名信息[文献类型标识/文献载体标识].其他责任者.版本项.出版地：出版者，出版年：引文页码[引用日期].获取和访问路径.数字对象唯一标识.

专著著录格式示例：

[1] 陈登原. 国史旧闻：第一卷[M]. 北京：中华书局，2000:29.

[2] 哈里森，沃尔德伦. 经济数学与金融数学[M]. 谢远涛，译. 北京：中国人民大学出版社，2012:235-236.

[3] 北京市政协民族和宗教委员会，北京联合大学民族与宗教研究所. 历代王朝与民族宗教[M]. 北京：民族出版社，2012:112.

[4] 中华人民共和国国家质量监督检验检疫总局，中国国家标准化管理委员会. 信息与文献 参考文献著录规则：GB/T 7714—2015[S]. 北京：中国标准出版社，2015:1-28.

[5] 张永彬. 信息资源检索与利用[M]. 成都：电子科技大学出版社，2010.

[6] 顾炎武. 昌平山水记：京东考古录[M]. 北京：北京古籍出版社，1992.

[7] 王夫之. 宋论[M]. 刻本. 金陵：湘乡曾国荃，1865（清同治四年）.

[8] 中国第一历史档案馆，辽宁省档案馆. 中国明朝档案总汇[A]. 桂林：广西师范大学出版社，2001.

[9] 赵学功. 当代美国外交[M/OL]. 北京：中国社会科学文献出版社，2001[2014-06-11]. http://www. cadal. zju. edu. cn/book/trySingLePage/33023884/1.

[10] 同济大学土木工程防灾国家重点实验室. 汶川地震震害研究[M/OL]. 上海：同济大学出版社，2011:5-6[2013-05-09]. http://apabi.lib.pku.edu.cn/usp/pku/pub.mvc？pid=book. detail& metaid=m.20120406-YPT-889-0010.

2. 专著中的析出文献

所谓析出文献是指从整个信息源中析出的具有独立篇名的文献。

专著中析出文献著录项目：析出文献主要责任者，析出文献题名，文献类型标识（任选），析出文献其他责任者（任选），专著主要责任者，专著题名，其他题名信息，版本项，出版地，出版者，出版年，析出文献页码，引用日期，获取和访问路径（电子资源必备），数字对象唯一标识符（电子资源必备）等。

专著中析出文献著录格式：析出文献主要责任者.析出文献题名[文献类型标识/文献载体标识].析出文献其他责任者//专著主要责任者.专题题名：其他题名信息.版本项.出版地：出版者，出版年：析出文献的页码[引用日期].获取和访问路径.数字对象唯一标识符。

专著中析出文献著录格式示例：

[1] 周易外传：卷5[M]//王夫之.船山全书：第6册.长沙：岳麓书社，2011:1109.

[2] 陈晋镳，张惠民，朱士兴，等.蓟县震旦亚界研究[M]//中国地质科学院天津地质矿产研究所.中国震旦亚界.天津：天津科学技术出版社，1980:56-114.

[3] 贾东琴，柯平.面向数字素养的高校图书馆数字服务体系研究[C]//中国图书馆学会.中国图书馆学会年论文集：2011年卷.北京：国家图书馆出版社，2011:45-52.

[4] WEINSTEIN L，SWERTZ M N.Pathogenic properties of invading micronesian[M]//SODEMAN W A，Jr.SODEMAN W A.Pathololgic physiology :mechanisms of disense. Philadephis：Saunders，1974:745-772.

9.3.10.2 连续出版物（Serial）

1. 连续出版物

连续出版物是指通常载有年卷期号或年月日顺序号，并计划无限期连续出版发行的印刷或非印刷形式的出版物。

连续出版物著录项目：主要责任者、题名、其他题名信息、文献类型标识（任选）、年卷期或其他标识（任选）、出版地、出版者、出版年、引用日期、获取和访问路径（电子资源必备）、数字对象唯一标识符（电子资源必备）。

连续出版物著录格式：主要责任者.题名：其他题名信息[文献类型标识码/文献载体标识].年，卷（期）-年，卷（期）.出版地：出版者，出版年[引用日期].获取和访问路径.数字对象唯一标识符。

连续出版物著录示例：

[1] 中华医学会湖北分会.临床内科杂志[J].1984，1（1）-.武汉：中华医学会湖北分会，1984-.

[2] 中国图书馆学会.图书馆通讯[J].1957（1）-1990（4）.北京：北京图书馆，1957-1990.

[3] American Association for the Advancement of Science.Science[J].1883.1（1）-.Washington.D.C.:American Association for the Advancement of Science.1883-.

2. 连续出版物的析出文献

连续出版物中的析出文献著录项目及其著录格式：析出文献主要责任者.析出文献题名[文献类型标识码/文献载体标识].连续出版物题名：其他题名信息，年，卷（期）：页码[引用日期].获取和访问路径.数字对象唯一标识符.

连续出版物析出文献著录格式示例：

[1] 袁训来，陈哲，肖书海，等.蓝田生物群：一个认识多细胞生物起源和早期演化的新窗口[J].科学通报，2012，55（34）：3219.

[2] 余建斌.我们的科技一直在追赶：访中国工程院院长周济[N/OL].人民日报，2013-01-12（2）[2013-03-20].http://paper.people.com.cn/rmrb/html/2013-01-12/nw.D110000renmrb_20130112_5-02.htm.

[3] 李炳穆.韩国图书馆[J/OL].图书情报工作，2008，52（6）：6-12[2013-10-25].http://www.docin.com/p-400265742.html.

[4] 李幼平，王楠.循证医学研究方法：附视频[J/OL].中华移植杂志（电子版），2010，4（3）：225-228[2014-06-09].http://www.cqyip.com/Read/Read.aspx？id=36658332.

[5] 武丽丽，华一新，张亚军，等."北斗一号"监控管理网设计与实现[J/OL].测绘科学，2008，33（5）：8-9[2009-10-25].http://vip.calis.edu.cn/CSTJ/Sear.dll？OPAC_CreateDetail.DOI:10.3771/j.issn.1009-2307.2008.05.002.

9.3.10.3 专利文献

专利文献的著录项目及其格式：专利申请者或所有者.专利题名：专利号[文献类型标识/文献载体标识].公告日期或公开日期[引用日期].获取和访问路径.数字对象唯一标识符.

专利文献著录示例：

[1] 邓一刚.全智能节电器：200610171314.3[P].2006-12-13.

[2] 西安电子科技大学.光折变自适应光外差探测方法：01128777.2[P/OL].2002-03-

06[2002-05-28].http://211.152.9.4/sipoasp/zljs/hyjs-yx-new.asp？recid=01128777.2&leixin=0.

9.3.10.4 电子资源（不包括电子专著、电子连续出版物、电子学位论文、电子专利）

电子资源著录项目及其格式：主要责任者.题名：其他题名信息[文献标识码/文献载体标识].出版地：出版者，出版年：引文页码（更新或修改日期）[引用日期].获取和访问路径.数字对象唯一标识符.

电子资源著录示例：

[1] 中国互联网络信息中心.第29次中国互联网络发展现状统计报告[R/OL].（2012-01-16）[2013-03-26].http://www.cnnic.net.cn/hlwfzyj/hlwxzbg/201201/P020120709345264469680.pdf.

[2] 北京市人民政府办公厅.关于转发北京市企业投资项目核准暂行实施办法的通知：京政办发[2005]37号[A/OL].（2005-07-12）[2011-07-12].http://china.findlaw.cn/fagui/p_1/39934.html.

[3] Online Computer Library Center，Inc.About OCLC：history of cooperation[EB/OL].[2012-03-27].http://www.oclc.org/about/cooperation.en.html.

9.3.11 作者简介

参考文献之后空一行，"作者简介"五字用小5号黑体左顶格，具体内容为小5号宋体。作者简介也可直接放在文章最后，也可在第一页以"脚注"的方式说明。

对第一作者按如下项目和顺序书写其简介：姓名（出生年—），性别（民族，汉族可省略），籍贯，学位，职称或职务，从事的主要工作或研究方向，发表论文或出版著作数量。

9.3.12 附　录

附录是科技报告、学术论文主体的补充项目，并不是必需的。附录与正文连续编页码，每一附录均另页起。

下列内容可以作为附录编于报告、论文后：

（1）为了整篇报告、论文材料的完整，但编入正文又有损编排的条理性和逻辑性的材料。这类材料包括比正文更为详尽的信息、研究方法和技术更深入的叙述，建议可以阅读的参考题录，对了解正文内容有用的补充信息等。

（2）由于篇幅过大或取材于复制品，而不便编入正文的材料。

（3）不便编入正文的罕见珍贵资料。

（4）对一般读者并非必要阅读，但对本专业同行有参考价值的资料。

（5）某些重要的原始数据、数学推导、计算程序、框图、结构图、注释、统计表、计算机打印输出等。

注意：若论文参加学术交流或向杂志社投稿，遇有单独的文稿格式要求，其投稿论文的格式、字体、字号等以杂志社或者学术交流会的要求为准。

第 10 章

学术交流和学术规范

一个新学说的建立，一项新技术的发明，一个新现象的发现等，如果不进入学术交流，仅属于某个人的个人所有。通过交流，个人拥有知识产权，树立个人学术声誉；通过交流，他人才能分享，人类学术研究才能进步，避免重复研究造成资源浪费。

10.1 学术交流

10.1.1 学术交流模式

学术交流分为正式交流和非正式交流。正式交流是指将研究成果撰写成期刊论文、会议论文、专著等，经过正式出版程序后公开发表。非正式交流是指学者之间的口头交流，老师为学生作的科学报告，书信、E-mail或邮件的通信，社交网络发帖、讨论，参加展览会，参观实验室等。随着网络技术的发展，正式与非正式交流也在融合，譬如Arxiv平台上的论文没有经过正式的出版程序，但倾向于划归为正式的学术交流渠道。随着开放获取政策的推行，学术信息交流变得更容易了。

10.1.2 网络学术交流平台

为了更加有效地促进学术成果交流、科学研究的协作，现在越来越多的科研工作人员利用网络创建个人网页，可以浏览别人也可让别人浏览自己网页，也可以进入某个平台，进行同行之间的交流，我们称之为科研社交网络平台。

科研社交网络的出现，使得科研人员能从堆积如山的纸质信息中脱离开来，而更加容易地找到志趣相投的群体，交流的方式也从单向交流变成双向交流，而且从时间上也可以做到交流的即时化。同时，在资料的性质上，以往的书籍只能提供不完整的图片或者其他作品的链接，而现在在网络上，可以很容易同时得到与之相关的其他材料。

科研社交网络还承担了一部分的资料收集、整理、分享和引用研究资源的烦琐事情，而让科研人员可以将时间集中到做更深层次的工作中去。可以通过设置一些关键字来限定自己感兴趣的主题，而系统则会每隔一段时间提供一些相关的最新消息。这样科研人员就不会淹没在无用信息中，同时又不会与学科发展的趋势脱节。

科研社交网络还大大改变了文章的发表方式。现在要在期刊上发表文章需经过严格的同行评议，整个发表的周期很长，而且发表的内容也主要集中在正面的积极的结果。但是通过博客或者论坛的方式发表文章就不需要经过这么复杂的过程，而且更多的负面结果、失败案例也可以让人知道如何避免重复的失败。这样完整的知识系统，可以让学习的人既可以看到成功的一面，同时也可以了解失败的原因。可以让知识传承得更加有效，更加快捷。

典型的社交网络有以下一些：

（1）Academia[①]，科研人员可以在Academia上分享和查看最新的科研论文。

（2）ResearchGate，成立于2008年，900多万研究者分享超过8 000万篇文献，该平台免费注册建立个人网页。可通过该平台联系同行，了解行业专业的研究动态，分享科研方法以及交流思想。

（3）Vivo，起源于康奈尔大学，最初针对生命学科，2009年发展为全美跨学科科学家网络，2010年全球机构通过安装Vivo软件就可使用。

（4）Mendeley[②]，既是在线学术社交网络平台，又是免费文献管理软件，科研人员注册账号之后可以上传自己的学术文献，也可以在Mendeley中进行学术文献检索。

（5）中国科研社交网络平台有科学网，丁香园和小木虫等。

目前，科研社交网络发展迅速，覆盖面越来越广，功能越来越丰富，科研人员利用科研社交网络进行学术交流的趋势也越来越明显。所以，科研社交网络是我们在讨论学术信息交流时应该关注的渠道。

10.1.3 学术期刊交流媒介

1. 学术期刊的发展

学术研究成果进入公众领域之后，就成为前面讲到的各种学术文献。其中学术期刊是学术交流中的支柱媒介。

世界上最早的学术期刊出现在17世纪中叶，文艺复兴运动时期，有名的有法国的《学者杂志》，英国的《哲学汇刊》。它们主要用于预报即将问世的科研成果和发表新闻通讯。

从18世纪中叶到现在，学术期刊从内容、质量控制、编辑出版过程发生了显著变化。

（1）内容方面，学术期刊转向报道科学发现，期刊论文成为确认科学研究成果优先权的基本形式。

（2）在质量控制机制方面，学术期刊陆续采用了同行评审机制Peer Review，即相关领域的知名学者审查论文的内容，并决定论文的取舍。一般由两位或两位以上的资深专家双向匿名评审，专家意见不一致时，再由其他专家重新评审。值得注意的是，并不是所有的期刊都采用同行评审机制，是否采用同行评审机制，可在印刷版期刊的封二、封底或期刊的网站上查询。

---

① http://www.academia.edu

② www.mendeley.com

（3）学术期刊分工逐渐明确。

作者——科学研究论文撰写，将稿件提交学术刊物进行评审。

编辑——接收稿件、联络作者和评审专家，根据专家意见决定稿件的取舍、审核作者的修改是否符合评审专家的要求、文字表达是否合乎标准。

评审专家——对稿件内容的有效性、可靠性及其他方面的质量进行审查，据此提出稿件能否被接收的意见，对可接收稿件提出修改要求。

学会/出版社——期刊出版过程的策划和运行，如印刷、装订、营销等。

随着印刷技术、网络技术的发展，学术期刊的出版流程在这些年又有一些新改进，如在线投稿、在线出版、在线发行等。

2．评价学术期刊的指标参数

依据维普科技期刊数据库中的"期刊评价报告"，评价学术期刊的指标有以下几种：

（1）影响因子。影响因子指该期刊近两年文献的平均被引用率，即该期刊前两年发表的论文在评价当年每篇论文被引用的平均次数。

（2）立即指数。立即指数是表征期刊即时反应速率的指标，即该期刊在评价当年发表的论文，每篇被引用的平均次数。

（3）平均引文率。平均引文率指在给定的时间内，期刊篇均参考文献量，用以测度期刊的平均引文水平，考察期刊吸收信息的能力以及科学交流程度的高低。

（4）期刊他引率。期刊他引率指期刊被他刊引用的次数占该刊总被引次数的比例，用以测度某期刊学术交流的广度、专业面的宽窄以及学科的交叉程度。

（5）被引半衰期。被引半衰期是衡量期刊老化速度快慢的一种指标，指某一期刊论文在某年被引用的全部次数中，较新的一半被引论文发表的时间跨度。

（6）引用半衰期。引用半衰期指某种期刊在某年中所引用的全部参考文献中较新的一半是在最近多少年时段内发表的。

3．学术期刊的选择

学术成果大多数是通过学术期刊投稿发表的论文，因此，不同学科领域的科研论文应该选择什么学术期刊，如何通过学术影响力高的期刊提升个人学术影响力，是摆在每一个科研人员面前的问题。

1）中文学术期刊的选择

一般的，比较系统地获取期刊信息可查阅有关期刊目录之类的工具书，如《中国期刊年鉴》《中文核心期刊要目总览》《中国科技期刊引证报告》。随着网络的发展，可直接利用多种网络平台快速查询合适的期刊。

可登录访问国家新闻出版署①的"办事服务"的"从业机构和产品查询"，这个途径可靠，但效率低。

如果想了解某个学术领域有哪些学术期刊及其具体期刊信息，可利用数据库查询，下面

---

① https://www.nppa.gov.cn/nppa/publishing/magazine.shtml/

以中国知网数据库为例进行介绍。

登录访问中国知网，选择"学术期刊"子数据库，点击"期刊导航"，其界面如图10-1所示。在这个界面可以在检索框键入自己检索的指定期刊，获得该刊的"基本信息""出版信息""评价信息"，也可对该刊进行"期刊浏览""栏目浏览""统计与评价（近十年刊载内容）"，还可以对该刊进行"RSS订阅""关注""投稿"（若该刊编辑部在中国知网开通腾云采编服务平台），也可根据图10-1所示，按照学科浏览查询相关学科领域更多的期刊。在期刊导航界面，还可以利用其他分类导航查询中文学术期刊：卓越期刊导航、数据库刊源导航、主办单位导航、出版周期导航、出版地导航、核心期刊导航等。如果需要查询高质量中文学术期刊，可以根据"核心期刊导航""数据库刊源导航"查询。

图10-1　中国知网"期刊导航"界面

除了中国知网，也可利用维普科技期刊数据的"期刊大全"查询有关学术领域的期刊信息，如图10-2所示。

图10-2　维普科技期刊数据库界面

2）外文学术期刊的选择

同样地，也可以利用学术期刊数据查询获取。

中国知网收录了7.3万余种国际期刊，覆盖JCR期刊的94%，Scopus期刊的80%，文献数量超过1亿条。期刊资源分为自然科学、工程技术、医学、农业科学、社会科学、人文学科、哲学七大专辑。读者可查阅每本期刊的概况（刊名、刊号、出版周期、创刊年/收录年限、出版社/合作商、学科主题、出版地、语种等），并进入文献页面获取题录摘要信息。部分文章提供参考文献引文信息。期刊最早回溯至1665年。点击中国知网的"学术期刊"的二级子数据库界面的"CNKI Scholar外文期刊"（见图10-3），就可以查询。

图10-3　中国知网进入"CNKI Scholar外文期刊"界面

Elsevier ScienceDirect 数据库，按学科大类浏览，也可查询相关外文期刊。例如，在"Domaim"中选择"Chemical Engineering"，在"Publication type"中，勾选"Journals"，右边列出"Chemical Engineering"这类按期刊按字顺排序的数据库收据的相关外文期刊，点击所关注的期刊就可以了解期刊信息以及在线投稿，如图10-4所示。

Showing 187 journals

Filter by journal or book title

Q Are you looking for a specific article or book chapter? Use advanced search.

Refine publications by

Domain
Chemical Engineering

Subdomain

Publication type
☑ Journals
☐ Books
☐ Textbooks

A

Accident Analysis & Prevention
Journal · Contains open access

Acta Biomaterialia
Journal · Contains open access

Advanced Membranes
Journal · Open access

Advanced Powder Technology
Journal · Contains open access

Advances in Colloid and Interface Science
Journal · Contains open access

Agricultural Wastes

图10-4　Elsevier ScienceDirect 数据库Chemical Engineering类期刊部分列表示例

如果要想获取更多外文期刊信息，可查询工具书《乌利希国际期刊指南》。

4．如何投稿

期刊论文发行前，阅读相关学术期刊的投稿指南。可以查找期刊的电子版投稿指南，也可以查找期刊的印刷版投稿指南（一般在期刊第1期或最后1期的封二、封三或封底）。如果要了解更多国外学术期刊投稿指南，可翻阅工具书《乌利希国际期刊指南》（该工具书收录全球学术期刊152 977种）。

10.1.4 学术会议交流

学术会议是一种以促进科学发展、学术交流、课题研究等学术性话题为主题的会议。学术会议一般都具有国际性、权威性、高知识性、高互动性等特点，参与者一般为科学家、学者、教师等具有高学历的研究人员。由于学术会议是一种交流的、互动的会议，因此参会者往往都会将自己的研究成果以学术展板的形式展示出来，使得互动交流更加直观、效果更好。学术会议参会者交流内容新颖，及时反映科学研究的新成就及学科发展趋势，专业性强、针对性强，所以学术会议是一个不可忽视的学术交流平台。可以利用学术会议网站[①]，了解、关注或参与最近即将召开的最近会议、学术会议、行业展会等。

10.1.5 其他学术交流

除了期刊媒介和学术会议之外，还可以通过阅读或听取学术报告、参观展览等方式进行学术交流。

10.2 学术规范

10.2.1 学术规范

学术规范：学术共同体根据学术发展规划制定的有关各方面共同遵守而有利于学术积累和创新的各种准则和要求，是整个学术共同体在长期学术活动中的经验总结和概述。学术规范包括道德规范、法律规范、技术规范。

学术规范中的道德规范是指对学术工作者从思想修养和职业道德方面提出的应达到的要求，它是学术规范的核心部分。

学术规范中的法律规范是指学术活动中，遵循的法律、法规要求。譬如，《中华人民共和国著作权法》及其实施条例。

学术规范中的技术规范是指以学术论文、专著为主要形式的学术写作中，必须遵守的有关形式规格要求，包括学术写作规范和学术引用规范。国内外都有一些写作规范的指南手册或标准，如《芝加哥手册》，我国的《学位论文编写规则》（GB/T 7713.1—2006）。

学术写作规范包括：学术成果应观点明确，资料充分，论证严密；学术成果的格式应符

---

① http://www.allconfs.org/index.asp

合要求；参考文献的著录应符合要求；内容与形式应完美统一等。

学术引用时必须遵守以下规范：

（1）无论是否同意他人的著作或思想，当引用他人的话时，就必须使用引号和引注，从而使表述令人信服。

（2）当要把支持你分析、叙述和得出结论的基础材料介绍给读者时，就必须使用引号和引注。

（3）当要引导读者查找所引用的材料以便他们自己进行检查时，就必须使用引号和引注。

10.2.2 学术失范

学术规范相对应的就是学术失范。广义的学术失范还包括学术不端。为加强学风建设，2010年出版的由教育部组织编写的《高等学校科学技术学术规范指南》，对抄袭、剽窃、伪造、篡改、一稿多投、重复发表等都做出了明确的界定。现实中，很多高校引入了学术不端文献检测系统，要求毕业论文查重检测等。

学术失范案例1：2020年7月，某大学2018届软件工程硕士研究生林某硕士学位论文，与同年毕业另一大学软件工程硕士研究生刘某某硕士学位论文高度雷同。经查证，林某和刘某某的硕士学位论文均存在买卖、代写行为。处罚：撤销林某和刘某某的硕士学位，注销他们的硕士学位证书[①]。

学术失范案例2：倒在"抄袭门"下的匈牙利总统。

2012年1月，匈牙利一家网站刊文称，总统施米特在1992年撰写的博士论文有抄袭嫌疑。经调查，施米特的博士论文中第34页至50页与德国学者克劳斯-海涅曼的一篇文章相同，另有180页的内容与保加利亚体育专家尼古拉格奥尔基耶夫的论文部分一致。而且施米特的论文有大量内容来自外文翻译，文中对引用内容没有标明，也没有做脚注和尾注。

2012年3月，匈牙利泽梅尔魏斯大学（Semmelweis University）宣布，匈牙利总统施密特（Pal Schmitt）因有关现代奥运会的历史以及演变的博士论文中，存在大量抄袭现象，被剥夺1992年获得的博士学位。施密特为此遭到强烈批评，匈牙利在野党要求他辞职。

2012年4月2日，深陷论文抄袭漩涡的施米特宣布辞职[②]。

信息素养的内涵包括了信息意识、信息知识、信息能力、信息道德、信息安全。其中，信息道德容易被忽视。只有研究者从意识到行为做到尊重知识产权和学术伦理，以实事求是的态度对待学术研究，遵守学术规范、法律规范、技术规范，才能从根本上避免学术失范与学术不端行为的发生。

---

① https://gs.xmu.edu.cn/info/1179/9545.htm.

② https://news.ifeng.com/c/7fbokNnbuRj.

参考文献

[1] 阳宪章，杨素琼，彭国莉，等. 信息检索：信息存储与查询[M]. 成都：四川科学技术出版社，1999.

[2] 邓发云. 信息检索与利用[M]. 3版. 北京：科学出版社，2017.

[3] 黄如花. 信息检索[Z/OL]. [2021-06-25]. https://www.icourse163.org/course/whu-29001

[4] 花芳. 文献检索与利用[M]. 2版. 北京：清华大学出版社，2017.

[5] 张永彬. 信息资源检索与利用[M]. 成都：电子科技大学出版社，2010.

[6] 中国ISBN中心. 《中国标准书号》使用手册[M/OL]. 3版. [2021-6-28]. https://www.capub.cn/ywzs/bzshzs/02/1243.shtml.

[7] 林佳. 信息素养：学术研究的必修课[Z/OL]. [2021-06-25]. https://www.xuetangx.com/course/THU12051000419/7753925？channel=i.area.learn_title.

[8] 刘素清，廖三三. 用户视角下的电子资源利用障碍及对策[J]. 图书情报工作，2013，21：48-51.

[9] 中国知网. 新型出版模式介绍[EB/OL]. [2021-12-27]. https://kns.cnki.net/kns/subPage/introduce.aspx.

[10]维普资讯. 期刊评价报告[EB/OL]. [2012-07-15]. http://qikan.cqvip.com/Qikan/Evaluation/Index？from=Qikan_Journal_JournalGuid.

[11]中国科学院国家科学图书馆中心介绍[EB/OL]. [2021-07-05] https://www.las.ac.cn/front/aboutUs.

[12]中国知网. 中国知网专业检索说明[EB/OL]. [2012-07-15]. http://piccache.cnki.net/index/helper/manuals.html#frame2-1-5.

[13]中华人民共和国国家质量监督检验检疫总局，中国国家标准化管理委员会. 信息与文献参考文献著录规则：GB/T 7714—2015[S]. 北京：中国标准出版社，2015：1-28.

[14]WICHOR MATTHIJS BRAMER，BSC.Variation in number of hits for complex searches in Google Scholar[J/OL].Journal of the Medical Library Association.[2021-07-15].https://xueshu.baidu.com/usercenter/paper/show？paperid=06945ac8027857f16d214f228a611cd9&site=xueshu_se.

本书习题